U0961803

中华优秀传统文化赋能育人新生态系列

# 非遗在附小

## （上）

张锦庭 主编

南方日报出版社
NANFANG DAILY PRESS
中国·广州

## 图书在版编目（CIP）数据

非遗在附小 / 张锦庭主编 . —广州 : 南方日报出版社 , 2022.5

（中华优秀传统文化赋能育人新生态系列 ; 2）

ISBN 978-7-5491-2494-7

Ⅰ . ①非… Ⅱ . ①张… Ⅲ . ①非物质文化遗产－中国－小学－乡土教材 Ⅳ . ① G624.411

中国版本图书馆 CIP 数据核字（2021）第 273048 号

FEIYI ZAI FUXIAO

非遗在附小

主　　编：张锦庭
出版发行：南方日报出版社
地　　址：广州市广州大道中 289 号
出 版 人：周山丹
责任编辑：方　明
特约编辑：吕晓霞
责任校对：肖　颖
责任技编：王　兰
装帧设计：谭向阳
经　　销：全国新华书店
印　　刷：广州市东盛彩印有限公司
开　　本：787 mm × 1092 mm　1/16
印　　张：22.5
字　　数：436 千字
版　　次：2022 年 5 月第 1 版
印　　次：2022 年 5 月第 1 次印刷
定　　价：128.00 元（全三册）

投稿热线：（020）87360640　读者热线：（020）87363865

# 百年传承 非遗赓续

2022年，是华南师范大学附属小学（简称“华师附小”）建校100周年。

作为一所坚守“博学于文，约之以礼”校训的百年名校，华师附小拥有深厚的传统文化教育底蕴。百年来，我校深入学习贯彻党的教育方针、潜心进行非物质文化遗产保护，面向新时代发展方向，努力践行培育祖国美好少年的“美好教育”。百年传承，非遗建校，我们在探索“非遗进校园”的过程中取得了优异的成绩。

2018年2月，我校被教育部评为“全国中小学中华优秀文化艺术传承学校”，传承项目为“传统民间艺术”；2019年3月，我校获得广东省中小学特色学校建设成果一等奖；荣获“非遗进校园示范学校”荣誉称号；还被列为广东省将非遗文化融入小学课程学习的重要实践基地。

文化，只有在日常互动中“活”起来，才能真正“火”起来。留住传统，就是留住了历史，就是保存了祖国文化命脉。非物质文化遗产一旦失传，将造成无法挽回的损失。华师附小要成为非遗文化传承的沃土，保护非物质文化遗产，传承民族文化基因。学校希望通过创建非遗文化校园环境，建设非遗博物馆，在学生心底种下传承非遗的种子，培养其成为非遗宣传者、传承人的责任感。

**一、让非遗文化进课堂**

学校坚持“传承弘扬中华优秀传统文化”的教育传统，结合南粤文化特色，先后将古琴艺术、纸雕艺术、京剧文化、皮影戏、龙舟说唱、太极拳、广东凉茶、南国风筝、南国粤剧等十余项传统文化技艺引进课堂，取得了良好的育人效果。在此基础上，学校创造性研发了优秀传统文化综合实践活动课程，将其纳入学校教育教学计划，做到了“一班一特色，一班一非遗”，让学生在实践中增强了对优秀传统文化的探究意识和价值认识，并引发了小学生学习方式的正向变革。

**二、构建非遗特色课程**

非遗课程倡导一切美好都需要时间的雕琢，以感受美好、体验美好、探索美好、表现美好、创造美好为主轴，以培养工匠精神为核心，构建非遗特色课程。

课程的总体目标：非遗系列课程旨在加强中华优秀传统文化教育，培育和践行社会主义核心价值观，落实立德树人的根本任务，构建中华优秀传统文化传承体系，增强文化认同感和多元文化意识，推动文化传承创新。在非遗文化的感知与体验、探索与发现、创造与表现过程中，形成敬业、专注、精益、传承、创新的匠人品质。

在学习实践方式上，华师附小强化了“请进来”和“走出去”相结合的模式。“请进来”，是请非遗传承人和专业院校教师来学校授课；“走出去”，是让学生到活动基地研学体验，从而扎实有效地推进优秀传统文化课程的实施，让优秀传统文化在学生心里扎根、生长。

**三、非遗博物馆**

2020 年 12 月 27 日，我校建起全国首家校园非物质文化遗产博物馆，藏纳经典，实现馆校合一。沉浸在非遗博物的珍贵馆藏中，在包罗万象的文物展陈中品味独具岭南特色的粤剧、潮剧、英歌舞；欣赏源自大江南北的京剧、昆曲、川剧变脸和醒狮舞龙；领略中华民族共享的文化珍宝：古琴艺术、周易文化和二十四节气……在耳濡目染中，在体验活动中，一点点了解、一点点感悟泱泱中华，赫赫文明。学校还将建设八个非遗主题教育场馆，在原先专用室、活动室的基础上，将非遗融入其中，经设计、改造和升级，形成八个非遗主题的教育场馆生态环境。

学校还将在前期有益的教学探索上继续大力开展传承非遗文化活动，通过艺术展演、开设校本课程等方式将非物质文化遗产引进校园，把校园建成一座动态的非遗博物馆，让每一个孩子、每一位家长，在校园内的每一个角落都能受到优秀传统文化的熏陶。

非遗进校园，是传统与现代的交融，是过去与未来的碰撞。华师附小将进一步探索“非遗进校园”的教育模式，通过“定标准、强师资、育新人”，让非遗走进课本，走进家庭，走进每一个人的生活中。

华南师范大学附属小学校长

# 目录 CONTENTS

## （上）

### 传统美术

## 传统戏剧



## 传统技艺

# 中国灯彩——走进绚丽的灯彩世界

邓冠虹

## 发现 挖掘生活中的非遗

十五夜观灯

[唐]卢照邻

锦里开芳宴，兰缸艳早年。

缛彩遥分地，繁光远缀天。

接汉疑星落，依楼似月悬。

别有千金笑，来映九枝前。

《十五夜观灯》是唐代诗人卢照邻的作品之一，描述元宵节燃灯的盛况，绚丽多彩的元宵灯火将大地点缀得五彩缤纷，人们在节日之夜观灯赏月，尽情歌舞游戏。

中国民间灯彩大体有宫廷式、乡土式、匠作式和现代式四种。以宫灯样式为代表的宫廷式花灯，体现了宫廷艺术传统的广泛影响，具有做工用料考究、雕镌画绘并重的特点，显得精美华丽、端庄典雅；乡土式花灯多属百姓自娱的即兴创作，取材素朴、制作率意、不事雕琢，结体构形、施彩绘饰以及选题寓意皆有浓郁的农家气息；匠作式花灯多出自专业工匠之手，作为商品主要流行于市井百姓之中，其作风兼容前两者，既尚巧意精工、儒雅华贵，亦重世俗情趣和活泼形式，最能代表中国民间传统灯彩的一般技艺水准和风格面貌的现代式花灯在材料、工艺、结构、机制和形式上，都体现了现代科学技术和审美观念的影响。电动电光技术和新型现代材料的运用，大大拓展了灯彩艺术的空间形态和表现力，使之具有鲜明的时代感。

## 寻根 扫码观看前世今生

中国的灯笼又统称为灯彩，起源于 1800 多年前的西汉时期。每年的农历正月十五元宵节前后，人们都挂起象征团圆意义的红灯笼，来营造一种喜庆的氛围。后来灯笼就成了中国人喜庆的象征。

经过历代灯彩艺人的继承和发展，形成了丰富多彩的品种和高超的工艺水平。中国的灯彩综合了绘画艺术、剪纸、纸扎、刺缝等工艺，利用各个地区出产的竹、木、藤、麦秆、兽角、金属、凌娟等材料制作而成。在中国古代制作的灯彩中，以宫灯和纱灯最为著名。2006 年，灯彩入选国家级非物质文化遗产名录。

## 问道 拓展阅读学艺知技

**【非遗大学堂】**

**1. 灯彩简介**

灯彩，又名花灯，是我国著名的民间工艺品。古代，每逢元宵，人们乘着新年的余兴，在街头巷尾挂起各式各样的灯彩，踏月观灯，气氛显得格外热烈、格外红火。

灯彩是伴随着民间风俗、民间艺术的发展而流行的。

**2. 灯彩历史**

我国汉代宫中已有正月十五“垒灯为山”的习俗。传说公元 179 年，陈平和周勃平定诸吕之乱复兴汉室，辅佐文帝登基，那一天是正月十五，所以汉文帝规定每年的这一天要举行纪念活动。正月十五古称“上元”，“宵”是晚上，每年正月十五即“元宵”。佛教传入中国后，元宵节要“燃灯表佛”，弘扬佛法。后来，中国和印度的风俗逐渐融合，元宵放灯，也就成为我国城乡每年最重要的活动之一。

隋唐的时候，元宵放灯已成为城乡士庶的娱乐活动而不再有敬神礼佛的内容。唐代把上元（正月十五）定为灯节，以后又改为自上元“放夜”（放花灯）三天。“谁家见月能闲坐，何处闻灯不看来。”这样，每年灯节就成了人们欢乐的节日。

据文献记载，隋唐时候的灯彩，名目已非常繁多。除了龙灯、鱼灯、灯影等，还有很多大型豪华的制作。张鷟（zhuó）《朝野佥载》等记载，唐睿宗时，长安的安福门外放了一个巨轮灯，高达20丈（1丈=3.33米）。上边缠绕五额六色的绸缎，燃灯5万盏，如同霞光万道的花树。元宵节尚方都匠毛顺在上阳宫设计了一座灯楼，高150丈，广达20间，上面悬挂珠玉金银穗，灯上画着龙凤虎豹，栩栩如生，非常壮观！

到了宋代，元宵灯彩的制作工艺又有发展。孟元老《东京梦华录》等记载，当时在开封春节之前几个月，就开始搭山棚做准备。开封制作的“灯山”，点燃之后，万灯齐明。灯上的菩萨，手臂还能活动自如。殿前的龙灯，用草扎结，布幔包围，暗置灯烛万盏，远望如双龙飞走。至于南宋的“小鳌山”（灯山之一种，灯彩叠成山状，形如神话传说中之巨鳌，故名鳌山）、“琉璃灯山”等，更是精巧别致，辉煌璀璨。

民间的灯彩，花样也很多。宋代周密所撰《乾淳岁时记》记载，民间正月十五是赏灯日之前，各街市都要预先制作或到“灯市”去买。当时民间的灯品主要有“万眼灯”“白玉灯”“无骨灯”“五彩羊皮灯”“丝灯”“走马灯”“珠子灯”“罗帛灯”“细竹丝灯”等。这些灯彩，或贴剪纸，或画人物、山水鸟虫，或写诗词，或隐藏隐语浑语（谜），制作十分精致。

明代，民间灯彩更为发展。传明太祖朱元璋建都南京后，为庆贺元宵节，曾招徕天下富商，放灯十日。金陵城内搭彩楼，秦淮河上燃放水灯万只，极为壮观。明成祖迁都北京，在东华门辟二里长灯市，从正月初八到十七日放灯，烟火照耀通宵，鼓乐杂耍喧闹达旦。田汝成《西湖游览志余》记载，明代杭州“腊后春前”，从寿安坊到众安桥，全是灯市。灯市上的灯彩，有老子、美人、钟馗打鬼、刘海戏金蟾的人物灯，有栀子、葡萄、杨梅、桔柿的花果灯，有鹿、鹤、鱼、虾的禽虫灯，有琉璃、云母屏、水晶帘、万眼罩等奇巧灯，富家豪门制灯则用料丝、彩珠、明角、镂画羊皮、流苏宝带等，五光十色，争奇斗艳。《金瓶梅》小说中有一段观灯的描述则更生动：

那灯市中人烟凑集，十分热闹……金莲灯、玉楼灯，见一片珠玑；荷花灯、芙蓉灯，散千围锦绣；绣球灯，皎皎洁洁；雪花灯，拂拂纷纷；秀才灯，揖让进止，有孔孟之遗风；媳妇灯，容德温柔，效孟姜之节操；和尚灯，月明与柳翠相连；判官灯，钟馗与小妹并坐；师婆灯，挥羽扇，假降邪神；刘海灯，背金蟾，戏吞至宝；骆灯、青狮灯，驮无价之奇珍，咆哮吼吼；猿猴灯、白象灯，进连城之秘宝，玩玩耍耍；七手八脚螃蟹灯，倒戏清波；巨口大髯鲇鱼灯，平吞绿藻……转灯儿一来一往，吊灯儿或仰或垂，琉璃瓶映美女奇花，云母障并瀛洲阆苑……

这么多名目的灯，可见当时民间制灯之盛！

清代灯彩在明代工艺的基础之上又有发展。据《燕京岁时记》等载，当时的北京，“每到灯节，内廷筵宴，放烟火，市肆张灯”，东四、地安门、正阳门等处，各色纱灯、玻璃灯、明角灯形状各异，上面画着古今故事；冰灯、盒子灯等，望之如水晶火树，照得夜晚如同白昼，使人流连忘返。清朝是满族入关后建立的全国政权，满族原居东北黑龙江一带，有制作冰灯的风俗。他们入关后，把冰灯传入北京，“结冰为器，裁麦苗为人物，华而不侈，朴而不俗”，这是以前中原和南方少见的特色。

### 3. 灯彩分类

灯彩一般是各地民间利用本地出产的竹、木、藤、麦秆、兽角等制作，并根据各地的风俗、爱好进行加工，因此很有地方特点。我国古代各地著名的灯彩大体可分成以下几类：

金鱼肖形灯

一类是肖形灯，这是全国各地都时兴的玩具灯。它以竹、木或金属丝编扎骨架，外面糊纸或丝绸，制成各种动物或器物的形状，中心点燃蜡烛，很受人们喜爱。肖形灯依其形态可分为动物（如兔子灯、狮子灯、羊灯、鱼灯、雁灯、鸳鸯灯）、人物（如戏曲人物、历史人物、仕女）、亭台楼阁、花卉（如莲花、栀子）、瓜果、花篮、绣球等。有些传说中的动物、人物、故事，如龙、凤、麒麟、孙悟空、和合二仙、刘海戏金蟾等也经常是肖形灯的主题。

肖形灯中有一种不装骨架的小红灯，俗称无骨灯或脱胎灯笼，轻巧灵便，是元宵佳节儿童的爱物。有的肖形灯在下面安装木轮，以绳牵系，如车行走，称"车灯"，也是很受人欢迎的玩具灯。

还有一类是走马灯。走马灯以秫秸或竹条扎成方形灯架，中间安立轴，轴上端安装风轮，轴身以细铁丝悬插纸人纸马，下部点蜡烛，烛火使空气受热上升，推动风轮转动，即带动轴上悬插的纸人纸马奔驰转动，故称"走马灯"。走马灯宋代已出现，称"马骑灯"。宋元文献中有不少咏走马灯的诗，说明古代灯节中走马灯是非常令人瞩目的一类。走马灯内容多是表现战争的题材，如"秦军夜满咸阳火，吴炬宵驰赤壁兵"，这与走马灯的特点有关。

走马灯

宫灯

除了肖形灯、走马灯，流行各地的还有各式各样的花灯、纱灯。北京地区还特别流行曾经作为皇宫彩灯的宫灯。宫灯是用紫檀、红木、花梨等贵重木材作框架，外镶玻璃、纱绢等制成的皇宫用灯。清朝末年，封建统治阶级逐渐崩溃，宫灯制作技术流入民间，形成具有地方色彩的北京灯彩。

**4. 各地灯彩**

我国生产灯彩的地区很多，其著名者如：

江苏的苏州灯彩，自宋以来即以"罗灯"闻名天下，明清时以其构造精巧、装饰华丽，被誉为"苏灯"。"苏灯"是剪纸、装扎糊裱工艺的巧妙结合，花样出奇，灯画工巧，花样繁多，其中，走马灯最能体现这种特色。

浙江硖石的灯彩，南宋时即享有名，以“小件”的走马灯、虎豹走兽灯、飞鸟灯和“大件”的亭台楼阁灯、宝塔灯为主，而“联珠伞灯”最为奇特。

福建的泉州灯彩，始于宋而盛于明清。“月牵古塔千年影，虹挂长街十里灯。”以莲花灯、钱鼓灯、骰仔灯、料丝灯及用脚踢之能在地面滚动而火光不灭的“千秋火”最有特色。

广东的佛山灯彩，当地称“秋色”。明清后盛行茶灯、树灯、八角灯及鱼、虾、蟾蜍一类的象形灯，有“纸马火龙”的特点。

潮州灯彩

潮州灯彩以表现历史人物、戏曲故事的完整情节著名。当地出产的“百屏灯”，“活灯看完看纱灯，头屏董卓凤仪亭，貂蝉共伊在玩耍，吕布气得手捶胸，二屏秦琼倒铜旗，三屏李素射金钱”，从《三国演义》到《水泊梁山》，内容连贯，形式多样。人物以竹作骨架，绸作衣服，面部以通草片彩绘，灯光人影，绰约动人。

上海的松江灯彩，以刻纸夹纱灯最有名，明代即已盛行。江苏南京和南通的造型灯历史悠久，种类繁多，大灯有一人多高，小灯形似蜜蜂，制作十分精致。

**5. 传承人物**

人物简介：顾业亮，1962 年出生于古城南京。秦淮灯彩国家级非物质文化遗产代表性传承人。

顾业亮成长于南京的老门东。当时的老门东聚集着很多扎灯的手艺人，顾业亮的父辈也是其中一员，耳濡目染之下，顾业亮 8 岁就开始学习扎彩灯。

从那时起，他和灯彩艺术就结下了不解之缘。

秦淮灯彩国家级非遗代表性传承人顾业亮

为了多学点手艺，他 18 岁时拜著名彩灯艺人李桂生先生为师，正式迈进了灯彩这个行业。师傅会教，弟子肯学，没过几年，他扎制的灯彩“仙鹤”“双龙戏珠”等先后获奖，在业内崭露头角。

为传承和发扬扎灯工艺，1993 年，顾业亮承包了夫子庙工艺彩灯厂，开始钻研改进传统扎灯工艺。经过不断的摸索实践，秦淮灯彩的艺术表现手法日渐丰富，形成了集声、光、电、动于一体的现代艺术形式；制作工艺融手绘、剪纸、镂空、光雕、立体造型、卡通等多种艺术形式于一体；材质拓展到纸、绸、绢、纱、塑料、瓷、亚克力等。

30 年来快速发展的秦淮灯会，成为培育顾业亮成长的土壤。秦淮灯会规模的扩大，为技术创新提供了舞台。2001 年至 2008 年，顾业亮参与了南京夫子庙灯会整体策划、设计、制作、安装、维护的全过程。他的灯彩作品荣获原文化部授予的最高荣誉“山花奖”，并多次荣获国家、省、市非遗展赛大奖。

顾业亮把秦淮灯彩带进学校，开设灯彩课堂

“灯彩要真正做到薪火传承，就要把‘根’扎到年轻人心中，走进千家万户。”顾业亮说。要想摆脱失传危险，中国秦淮灯彩艺术一要走向社会，二要形成规模走出南京。为此，他到南京大学、南京师范大学、东南大学、南京外国语学校等十多所大、中、小学进行中国秦淮灯彩艺术的历史讲授以及扎制表演，让更多的新一代年轻人以及孩子们对中国秦淮灯彩艺术有了更多的了解。

在积累了数届秦淮灯会的成功经验之后，顾业亮将视线投向了国外，开始参与由政府牵头的国际文化交流活动。作为一名非遗传承人，顾业亮认为自己的责任不仅仅在于要将老祖宗的技艺传承下去，更要进行创新，要让秦淮灯彩走出国门。因为他坚信秦淮灯彩这个有 1800 多年历史的民间艺术在当下依然有着坚韧的生命力。

十年前，顾业亮带着秦淮灯彩，参加了德国、法国、比利时、卢森堡四国民间文化艺术交流活动。至今，顾业亮已经带着秦淮灯彩走过了 40 多个国家。秦淮灯彩在国外受到的追捧，让他深切体会到“民族的就是世界的”这句话的内涵。

“只有不断地走出去和别人交流，才能知道自己好在哪里，别人优在何处。坚持创新是秦淮灯彩发扬光大的根本所在。”今后，以秦淮灯会为平台，他会继续进行灯彩创新，希望在未来的日子里，全世界能有更多的地方开办新的秦淮灯会。

## 创新 实践活动异想天开

灯彩艺术体现了中国文化的博大精神，是融艺术、文化、审美于一体的艺术，具有浓厚的民族色彩，这种艺术又随着时代的发展而添加了新的元素，使灯彩更加盎然生机。灯彩艺术不仅是一种优秀的民间艺术，更是一种民间文化现象。灯彩艺术的存在极大地丰富了人民群众的文化生活，记录了中华民族文化发展的历史轨迹，体现了深厚的文化积淀和浓厚的历史氛围，成为全国城乡百姓普遍热爱的文化艺术活动。21 世纪以来，随着科技的进步，我国劳动人民用自己的智慧丰富和创造性地发展着灯彩艺术文化，为灯彩文化的发展作出了杰出的贡献，同时也为丰富广大人民群众的文化生活、传承中华文明发挥着重要的作用。

学做灯笼：

（1）材料准备：竹条、纸、纱或绢、糨糊、彩笔、流苏若干。

（2）扎制灯体骨架

① 把竹条弯曲成一个圆形，固定，并去除多余竹条。

② 做两个这样的竹圈。

③ 第三根竹条弯成 U 形，一上一下套入两个竹圈，固定。

④ 把一根根长度一样的竹条对称固定在竹圈上。

（3）糊裱

① 在骨架上刷胶水。

② 在灯笼上贴上喜欢的纱、绢或纸，并裁去多余的部分。

（4）装饰

① 在纸上画出自己喜欢的图案，也可以用剪贴的方法。

② 在灯笼的底部挂上一串流苏。

## 结语 传承非遗五育并举

**【明理导行】**

非物质文化遗产的传承，靠的都是坚守初心的手工艺人们。靠他们数十年如一日的坚守，靠他们孜孜不倦的教诲传播，靠他们日日夜夜不知疲倦的匠心制作。灯彩不仅是一种艺术，更是一种文化，一种祖祖辈辈心连心的传承。

# 传统漆画——跨越古今，美不可言

冯露珠

## 发现 挖掘生活中的非遗

漆画是以天然大漆为主要材料的绘画，除漆外，还有金、银、铅、锡以及蛋壳、贝壳、石片、木片等材料。入漆颜料除银朱外，还有石黄、钛白、钛青蓝、钛青绿等。漆画的技法丰富多彩。依据其技法不同，漆画又可以分成刻漆、堆漆、雕漆、嵌漆、彩绘、磨漆等不同类别。漆画有绘画和工艺的双重性。

《南海渔歌》

有人说“漆画之美，美在朦胧，美在神秘”。所以漆画既是艺术品，又是和人民生活密切相关的实用装饰品，成为壁饰、屏风和壁画室内装饰等的表现形式，我们可以在生活中发现它的踪迹。

现代漆画的装饰工艺品

## 寻根 扫码观看前世今生

观看《国家宝藏》，了解山西博物院木板漆画的今生故事。

## 问道 拓展阅读学艺知技

漆画是以天然大漆为主要材料的绘画，除漆外，还有金、银、铅、锡以及蛋壳、贝壳、石片、木片等，是我们中华民族几千年历史沉淀下来的一种传统手工艺制作的精品。

大漆是从漆树上割下来的一种呈灰乳色的液体，生漆可以直接使用，也可以调成灰料、漆糊用于漆器的底胚制作、漆画底板制作。生漆还可以加工提炼成多种用途的漆，如推光漆、透明漆、金地漆等。髹涂的漆液干燥后，坚固耐用，具有抗热力、抗酸力，不怕潮，耐水烫，可冲洗，打磨推光后能发出美丽的光泽。

漆的特有属性，决定了漆画工艺比其他画种更具有魅力。漆刮、漆刷成了绘画的工具，漆液成了颜料的调合剂，还有金属箔粉、螺钿、蛋壳等特殊材料，嵌、引、撒、罩、磨等特殊手段，构成了漆画效果的特异。朴素的、璀璨的、闪光的、亚光的各种质材，嵌贴出似又不似的图像；故意使涂漆不平，撒以屑粉，填以色漆，可以埋出虚虚实实、出奇制胜的画面；或发挥漆液稀释的流动性，或运用堆漆来造成画面的雕刻效果及明暗效果，最后打磨出五彩斑斓、闪闪发光的画面效果。它整体的装饰的情味和耐人寻味的细节及奇异的效果，使人在远距离观赏后，总想走近摸一摸。

中国是世界上产漆最多、用漆最多的国家，漆画在我们中国具有非常悠久的历史。在这漫长的时间长河里，漆画走过了实用和艺术之路。

山西大同司马金龙墓
漆屏风画（装饰）

浙江余姚河姆渡发掘的朱漆碗，已有7000年的历史。河南信阳长台关出土的漆瑟，彩绘有狩猎乐舞和神怪龙蛇等形象的漆画，也有2000余年的历史。著名的还有湖南长沙马王堆出土的汉代漆棺上的漆画、山西大同司马金龙墓漆屏风画以及明清大量的屏风漆画等。

### 1. 漆画的由来

中国历史上很早就开始用漆，一开始更多的是实用性，作为生活用品，慢慢地加入了艺术性，成了艺术作品——漆画。那些真正把漆艺推向绘画领域的国家，中国是其中之一。其实，世界上把漆艺推向绘画领域的只有中国和越南两个国家。但开漆画独立之先河的是越南，事实上，越南也是一个有着漆艺传统的国家。1928 年前后，越南当时的学生在学习油画技法时，用他们所掌握的漆艺技术进行了创造性尝试，用漆彩取代油画颜料，从而迈出了现代漆画的第一步。到了 20 世纪 30 年代，由于一些油画家的参与和漆艺艺人的协助，漆画作为一种独立的艺术，在语言的独立性和表现力方面得以大大提高，出现了大批热衷漆画创作的画家，并逐渐扩大其影响。1962 年越南磨漆画在中国的展出，极大地震动了作为漆艺故乡的中国，中央工艺美术学院的乔十光、李鸿印为探寻壁画材料，到福州漆器工厂拜师学艺，开始了漆画的探索。1964 年，文化部派广州美术学院蔡克振和中央工艺美术学院朱济赴越南学习磨漆画。另外，福建、四川、山西等地也有一些画家、漆艺家开始研究漆画。从此，中国漆艺家、画家也有了漆画是绘画的自觉意识，开始了中国现代漆画的艰苦探索。

随着 2006 年成都漆艺被列入第一批国家级非物质文化遗产名录，2008 年镶嵌漆画被列入第二批温州市非物质文化遗产名录，这个从 7000 年漆艺传统中走来的民族画种，曾代表国家进行文化交流，到苏联、日本、韩国、越南等地展览，受到广泛赞誉。这标志着我们中国传统漆艺的新发展，同时也是中国民族绘画的新创造。

### 2. 四大名漆画产地

漆画越来越走进人们日常生活中了，越来越多的人开始传承这门技艺，目前漆画有四大产地，分别是：扬州、北京、福建和平遥。

### 3. 非遗传承人

“漆画要有诗情、画意、漆趣三个方面。诗情是精神层面的，是作品的内涵。画意是给眼睛看的，构图、造型、色彩要符合人的审美。漆趣就是指漆的材料美和工艺美。这三点统一了就是好的漆画。”

作为中国现代漆艺的开拓者和漆画创始人之一，乔十光先生给出了对漆画的理解。从壁画“转行”到漆画，乔十光请教了许多前辈艺术家，并特地去福州拜民间漆艺匠师李芝卿为师。20世纪七八十年代，乔十光在漆画技法及表现内容上踏实摸索，对开拓漆画的空间起到了推动作用；20世纪90年代，他在民间游历，不断积累创作素材，并且受到了西方油画的自由、写意风格的影响，将其融入水乡画的创作中。求实创新，乔十光在漆画创作的道路上从未止步。“在题材的丰富性和技法的多样性上，我必须为后来的人铺一条路。”

乔十光先生

《青藏高原》

《周庄小景》

《苏州风景》

乔先生曾说过这样一段话："把艺术和生活相结合，把传统和现代相融合。我们从四面八方走来，我们向四面八方走去。"

《牦牛与藏女》

他的艺术情怀也在这段简短的话中得到了充分的阐释：漆画不能远离现实生活，不能与人的思想感情脱节，

《戴银饰的苗族少女》

《草原新兵》

乔先生在作品中熔铸了自己深刻的生活体验与情感，他的作品源自生活，更超越生活。

《泼水节》

《泼水节》是他的代表作。此画构图独具匠心，画家将身着节日盛装的傣家女子疏落有致的背影展示于前景，河中的龙舟竞渡与对岸沸腾的人群作为背景，烘托出热烈的节日气氛。丰富的工艺手法体现了画家对漆性的纯熟驾驭，他用蛋壳镶嵌出白色的上衣，绚丽多彩的裙子则结合了银箔罩漆研磨法以及螺钿镶嵌技法，泥银彩绘的水面也为绮丽的人物提供了最好的背景。全画雍容华贵，精美典雅。

相信大家都有一双善于观察生活的眼睛，如果让你来画一幅漆画，那么你会选择画什么内容呢？是像乔十光先生一样画人民的生活图景，还是描绘存在于你身边的生活趣事？

其实，漆画源远流长，博大精深，作为一个有着 7000 年漆艺传统的民族画种，它的生命力旺盛，包容性很强，因此也能够容纳各式各样的题材与内容，只要一幅作品是作者个性化的创造，是贴近市民生活、为民众所接纳和喜爱的，就能够实现漆画作品的创造性发展，传统漆画也必将经受住时代的考验，成为中华民族绘画的新创造！

## 创新 实践活动异想天开

### 1. 漆画的制作工序

（1）底层绘制

底层绘制指底板处理，而整洁是底板处理的根本，主要会使用镶嵌类技法、磨显类技法和莳绘漆粉类技法。其中镶嵌类技法一般在绘制的开始阶段即底层绘制阶段实施。磨显类技法主要由预埋、罩髹、研磨三个环节组成，这是体现漆画技法特性的一个极其重要的环节。莳绘漆粉类技法则以干漆粉莳绘为主，也是在底层阶段开始实施。

（2）中层绘制

中层绘制起着承上启下的作用，总体效果的把握、漆层厚度、肌理的凹凸、金银工艺的实施是中层工艺的重点。金银工艺则可分为细银法、粗银法、箔银法、泥银法、飘银法、晕银法等类型。

（3）上层绘制

上层绘制是漆画制作工艺技法的末尾阶段，画面的基本色调由它决定，该阶段主要有髹涂法、罩明法和多层法。在不同阶段根据需要进行局部或全部的研磨打磨。

（4）可完成绘制

传统意义上的漆画，是需要好几道工序的，在打磨完之后还需要推光，如果仅仅使用大漆绘制的话还需要楷清。根据所制作的不同种类漆画，有的漆画在最后完成之后还要在上面罩一层透明清漆，以此来保护画面的效果，还能延长作品的保存期。

### 2. 制作漆画的技法

漆画的技法有多种，主要有以下几种：

（1）镶嵌。在平面上采用镶嵌技法，使用金、银、铝、铜等金属线或蛋壳、贝壳等天然材料，用清漆或需要的色漆涂在画面所需要的相关位置，通过与其他的装饰材料结合，可以产生各种不同的质感、纹理和色彩等特殊效果。

（2）罩明。也就是用透明的清漆涂在不同的底漆上。因为有较多种底漆颜色，所以还有“罩黄”“罩朱”等制作手法。

（3）莳绘，即莳粉彩漆。莳粉当中包括金银粉和干漆粉，使用推光漆或者彩漆做底漆，在画面未干时撒上所需之莳粉。

（4）彩绘。有平绘和研磨彩绘两种形式。在完成的底板上进行彩绘的手法叫作平绘，在塑料薄膜上面刷上色漆，干燥后研磨成细粉状，再撒在画面当中。

（5）变涂。主要是使用各种材料与工具，在油漆尚未干时，制作出较为随意且具有一定规律的自然肌理和纹理的技法，其中主要有纹漆、变涂斑漆、汽油变涂等。

（6）堆漆。就是用漆堆出来的纹案和肌理，像浮雕般高低起伏，其中又分为高堆和平堆。

## 结语 传承非遗五育并举

漆画源远流长，博大精深，作为一个有着 7000 年传统的民族画种，它的生命力旺盛，包容性很强，能够容纳各式各样的题材与内容，只要一幅作品是作者个性化的创造，是贴近市民生活、为民众所接纳和喜爱的，就能够实现漆画作品的创造性发展，传统漆画也必将经受住时代的考验，成为中华民族绘画的新创造！

# 木版年画——中国民间艺术瑰宝

黄洁 刘爽

中国文化博大精深，源远流长。俗话说：“年画就是年的象征，不贴年画，就不叫过年”，我们中国民间在过年的时候一定会贴上各种各样的年画，它是反映中国民间社会生活的百科全书，具备重要的文化和艺术价值。

木版年画是年画的一种，是中国历史悠久的传统民间艺术形式，是围绕在我们身边的优秀传统文化，承载着我国民间文化，是我们国家宝贵的非物质文化遗产。

## 发现 挖掘生活中的非遗

木版年画有着1000多年的历史，在漫长的发展过程中，形成了无所不包的题材、包罗万象的内容以及多种多样的艺术风格。让我们先来鉴赏以下几种特色的木版年画吧！

### 1. 门神画

门神画是张贴于大门上的年画，门神画具体又分为武将门神、文官门神、财神、送子门神四类。

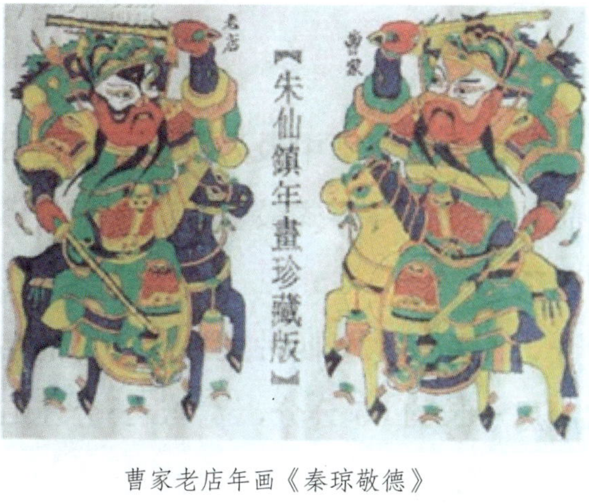


曹家老店年画《秦琼敬德》

曹家老店年画《寿州城》

在《秦琼敬德》这类武将门神画中，两位武将的造型略有不同，或立姿或骑坐，但都生动不拘谨。表现手法有的复杂，有的简单，或衣着不同，或姿态迥异，但都气宇轩昂、孔武有力、威风凛凛。

《寿州城》这类以戏曲中的正直之士、英雄人物为题材的勇士型门神年画，是朱仙镇木版年画中最有特色的品种。

图天义店《天官赐福》

曹家老店《三星在户》

《天官赐福》属于文官门神，这些门神大都是官员打扮，身着官服，雍容华贵，多贴于院内正厅门上，有迎福进财、官运亨通之意，反映了人们求福求贵的心理。《三星在户》中“三星”指福星、禄星、寿星三位神仙，他们分别象征幸福、官禄和长寿，反映了人们追求官位俸禄、祈求长寿多福的愿望。

**2. 门画**

门画是一种中国特有的传统民俗艺术形式。过去叫“门神”，含有“御凶”的意思。在漫长的岁月里，随着年节风俗的演变而衍生形成的一种民间特殊的象征性装饰艺术。传统民俗认为年画能驱凶避邪、祈福迎祥，在祈祷丰收、祭祀祖宗、驱妖除怪等年节风俗习俗化的过程中，逐渐出现了与之相适应的年节装饰艺术。

曹家老店《连年有余》

### 3. 神祇画

自古以来人们对神的崇拜这一思想观念根深蒂固。作为人们精神上的寄托，它象征着力量和正义，寄托着人们的美好愿望和对幸福生活的追求。

曹家老店《灶王画》

灶王爷是古代神话传说中掌管饮食的神仙，因此他的画像被称作“灶王画”（也称灶王爷年画，贴在厨房的灶台上头）。一般都是上部为标有二十四节气的农历牌，下部是灶君夫妻居中的构图形式。画面内容十分复杂，有摇钱树、聚宝盆。在画面底部有鸡、兔、狗等农家饲养的家禽，各路神仙相伴于左右。灶君左右刻绘“上天言好事，回宫降吉祥”的字样。在灶王画最顶部写着“吉星高照”四个大字。灶王画是每户人家必备的年画，人们按照灶画上的二十四节气日期进行农事耕作。

### 4. 民俗事象

朱仙镇木版年画《五牛喜归图》

年画《五牛喜归图》是朱仙镇年画中反映民俗生活的代表作之一，是一幅极具生活气息的画作。

年画的生命与生机正在于不断地创新，在题材方面，传统木版年画的常青题材如镇宅辟邪、伦理教化在现代市场的销售程度远不如迎福纳祥、敬神祭祖、装饰欣赏类的作品。与此同时，许多与现实生活、重大

《欢天喜地迎奥运》（局部）

社会事件相关的年画题材也相继出现。这些年画完全摆脱了诸多年画推崇神佛的功用，内容更加贴近生活、贴近市民，传达出更多现代生活的美好愿景与时代文化。比如为了迎接2008年的北京奥运会，各个年画产地都创作了相关题材的年画，《欢天喜地迎奥运》《福娃年画》等在当时是年画市场的主角。

年画要想很好地适应所处的社会环境，艺人们往往需要派生出新的思想，它可以是形式上的、手法上的，也可以是内容上的、主题上的，这样年画才能顽强地延续传承下去。

## 寻根 扫码观看前世今生

木版年画有着一千多年的历史。传统木版年画产地很多，其中天津杨柳青、河南朱仙镇、江苏桃花坞、广东佛山等地的产品最著名。2008年，木版年画经国务院批准列入第二批国家级非物质文化遗产名录。

## 问道 拓展阅读学艺知技

### 1. 木版年画的概念

年画源于人类早期的自然崇拜和巫术信仰，最早可以追溯到殷商时期的年节，祭神祭祖的活动。伴随着社会的发展，人们逐渐将自然崇拜转换为对相应的神的膜拜和崇拜。门神画是年画最早最直接的源头，有神祇护宅的防卫功能。

木版年画是以木版画形式制作的年画，用木版雕刻印刷画的轮廓，再由人工或套版上色。木版年画用以除旧岁、迎新春、美化环境、营造节日的喜庆欢乐气氛。在中国民间，年画就是年的象征，不贴年画就不算过年。

所以要想研究木版年画，先从年画说起。年画是指春节时张贴使用的各种题材的画，是以表现或反映民间信仰、民间岁时、传统故事、生产生活等为主题的绘画作品，表达了民众对美好生活的向往。

**2. 木版年画的历史演变**

当今知道最早用图像记录的司门之神是神荼和郁垒。神荼和郁垒为上古传说中能制伏恶鬼的两位神人，后世遂以为门神，画像丑怪凶狠。相传远古时候，神荼与郁垒为一对兄弟，兄弟俩都擅长捉鬼，如有恶鬼出来骚扰百姓，神荼与郁垒便将其擒伏，并将其捆绑喂老虎。后来人们为了驱凶，便在门上画神荼、郁垒及老虎的像，亦有驱鬼辟邪之效果。左扇门为神荼，右扇门为郁垒，民间称他们为门神。《山海经》最早用文字确切记载他们："……上有二神人，一曰神荼，二曰郁垒，主阅领万鬼，害恶之鬼，执以苇索而以食虎。"但只见文不见其图，有文也有图的最早见元人《三教源流搜神大全》（如下图左）。

神荼郁垒
出自《三教源流搜神大全》

东汉墓门神荼郁垒
（河南南阳东关出土）

汉代就有贴门神画的习俗。《礼记·丧服大记》中提到"门神""君释菜"，郑玄注："礼门神也。"门画的最早绘制是在宫廷及世族豪门中。最早的实物可见石刻线条门神，如河南南阳出土的画像石。民间还有画鸡于户的习俗，晋代王嘉《拾遗记》中说："有祗支之国献重阳之鸟，一名重金，双睛在目，状如鸡，鸣似凤……能逐搏猛兽虎狼，使妖灾群鬼不能为害……今人每岁元日或刻木铸金，或画鸡于牖上，盖重睛之遗像也。”四川出土的画像砖，出现的朱雀形象，有助于对刻木神鸡形象的想象。

北宋时，木版年画成为独立的画种，民间出现贩卖“纸画儿”的繁荣市场。唐以后，成熟的刻版印刷术得到普及，为节日性的大量需求提供了技术上的条件，木版年画应运而生。宋代年画主题的范围逐渐扩大，新增的包括天官、钟馗、灶神和美人图等，描绘习俗和市井生活的新画开始出现。那个时代的艺术特点是夸张的造型、绚丽的色彩、美丽的装饰、鲜明的人物形象，深受大众喜爱。

明代是我国古典版画的鼎盛期。明末版画的另一成就是套版彩色印刷的进步，明中后期，全国各地出现了年画印刷的区域中心，清初呈现出繁荣景象。年画的生产形成了以农民家庭为基础的区域性规模和相当数量的作坊。

木版年画是随着社会生活的风俗习惯演变而产生、随着印刷术的发展而发展起来的一门民间工艺美术，它起源于明代，兴盛于清代，至民国时达到鼎盛时期。20 世纪 30 年代，鲁迅发起“新兴木刻运动”，并亲自指导青年美术学者创造人民大众爱看的木刻艺术。1949 年新中国建立后，由毛泽东批准，经文化部发文号召美术学者改造旧年画和创作新年画。开封率先在全国建立了木版年画的生产合作社，组织国内专业画家创作了大量迎合时代思潮的年画作品。

**3. 木版年画的流派**

著名的木版年画产地有天津杨柳青、河南朱仙镇、江苏桃花坞、山东杨家埠、河北武强、四川绵竹、福建漳州和广东佛山等。其中，河南朱仙镇堪称鼻祖，是木版年画最早兴盛起来的地方；苏州桃花坞和天津杨柳青素有“南桃北柳”的盛名。

全国各大木版年画产地有着共同的特点，都是有相当的生产规模，发展历史悠久，有高超的技艺、丰富多样的内容形式。木版年画是世界印刷史上罕见的文化产物。

佛山木版年画，作为岭南地区的传统民间绘画，因其反映并传承着岭南的人文历史、风俗习惯、文化观念等而跻身全国四大木版年画的行列。《辞海》对佛山木版年画的定义是：“华南地区著名的民间木版年画，因在广东佛山镇（今佛山市）生产而得名。于明清时期至抗日战争前为盛，销行及于南洋各地。有原画、木版印及木印工笔三种，大多是门画，线条刚劲粗放、简练，用色多大红、橘红、黄、绿等，有地方特色。”佛山木版年画里有一个独特的“写色描金”技法，以手绘金线的方式（俗称“描金”），用手工逐幅给年画上色（俗称“写色”），使年画具有鲜艳浓烈的色彩，从而类似工笔重彩的表现技法，富于装饰效果。“写色描金”的技法，为岭南地区所独有，其他地区皆没有这种技法。

天津杨柳青木版年画，拥有悠久的历史，始于明代中后期，制作精细雅致，让人物传神鲜活，可谓“细腻柔媚人物俊”。其中，潘忠义制作的年画以其独有的秀美清俊为特色，独具一格。

杨柳青年画题材广泛，有历史故事、戏曲人物、风俗生活、花卉、山水、娃娃美人等，其中娃娃美人图尤为著名，绘刻工丽缜密，古朴雅拙。现在的娃娃图沿袭传统的人物造型，装饰上更加简洁，色彩也更加鲜明起来。

《五谷丰登》

《福缘善庆》

《连年有鱼》

山东杨家埠木版年画，色彩热烈，想象自由浪漫，整体感觉“粗犷淳朴乡土气”，造型富于程式化，运用大量寓意、象征、谐音等手法以及题图配诗。杨家埠木版年画色彩主要由红、蓝、黄、紫构成，以红蓝为主。二者相较而言，杨柳青木版年画更质朴雅致一点，看着清爽一些。

《绿云门神》（天津杨柳青年画）

《对捶门神》（山东杨家埠年画）

江苏桃花坞木版年画，具有江南民间艺术风格的精致优雅，构图讲究对称丰满，色彩绚丽，有端庄雅致的水乡之情，以紫红色为主烘托欢快气氛，表现吉祥喜庆、民俗生活、戏文故事、花鸟蔬果和驱鬼辟邪等内容。清代雍正乾隆年间桃花坞木版年画兴盛起来，代表作有《花开富贵》《苏州玄妙观》《姑苏报恩寺进香》。另外，桃花坞的门神年画色彩也比较温和喜庆。

《花开富贵》

《苏州玄妙观》

《姑苏报恩寺进香》

《五子鞭铜》（苏州桃花坞年画）

河南朱仙镇木版年画风格朴实粗壮无媚态，是较早的木版年画，也被称作木版年画开山鼻祖。它继承了宋元画风，图像饱满，线条粗犷，色彩艳丽，富有张力。它最鲜明的特点是：人物造型头大身小，模样可爱。题材有：民间故事、神话传说和戏文

《赵公明》（河南朱仙镇年画）

《尉池恭》（河北武强年画）

等。鲁迅先生评价其“木刻朴实，人物无媚态，颜色浓重，很有乡土味，具有北方年画的独有特色”。

河北武强木版年画，“挺拔劲健线条简”，质朴、粗犷，人物刻板，明快简洁，色彩鲜艳强烈，具有浓厚的地方风味，被称为民间社会生活的“百科全书”。应用样式丰富多彩，门画、灶画、对联、中堂、窗花、斗方、条屏、历画等。人物、山水、花鸟、神马和历史戏曲故事都是其取材的来源，题材广泛。

四川绵竹木版年画，以木版印制后再加手绘点染的方法制作。整体绘画个性强，构图简明，色彩和谐明快，谐趣横生。

《娃娃图》

沈泓《四川绵竹木版年画》

此外，还有其他地方流派的木版年画，也都各具特色，它们共同构成了中国木版年画的丰富多彩。

**4. 木版年画传承人物**

制作木版年画分工明确，画师和印制师傅分开，刻版与印刷也有专人负责。比如桃花坞木版年画社，目前有两位传承人，一位是国家级非物质文化遗产项目代表性传承人房志达，另一位是省级非物质文化遗产项目代表性传承人叶宝芬，叶宝芬老师专攻雕版制作，房志达先生负责给木版均匀刷上颜料与套版印刷。

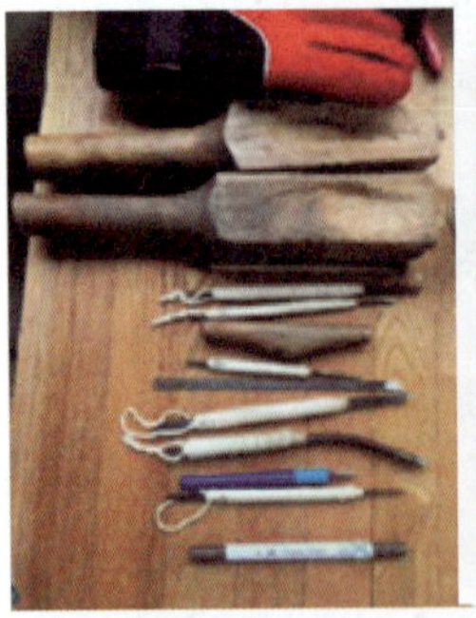

刻版工具

传承人：叶宝芬

完成的套版

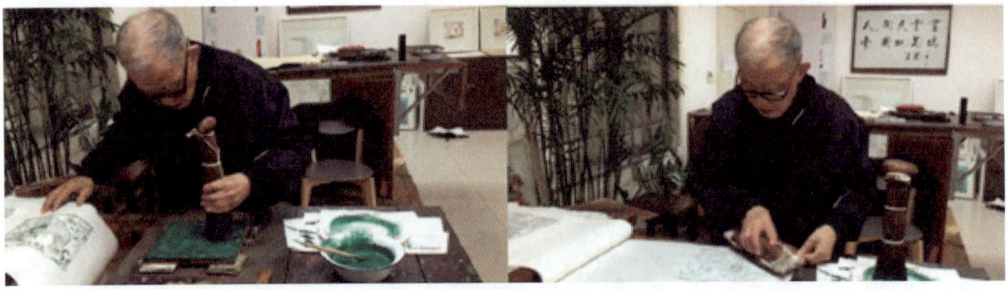

房志达先生给木版均匀刷上颜料与套版印刷

印制天然颜料，现在多用工业颜料

印刷工具（桃花坞木刻年画社）

《一团和气》线版

线稿

套印灰色

印粉色

印绿色

印黄色

印红色

苏州桃花坞木刻年画社《一团和气》木版分色套印流程图

## 创新 实践活动异想天开

【技法实操】

1. 起稿

画师绘制线描画稿。

首先选好题材、确定内容，然后由画师构思起稿。拿出初稿后由画店反复审稿、画师反复修改才能定稿。再由画师勾线制稿，最后交出一张墨线稿、一张色彩稿和几张分色稿，以供刻版。

2. 刻版

采用木质细腻而坚韧又不易磨损翘裂的黄杨木，也可以用梨、枣等木材。木版片的厚度以 2 寸左右为宜，以防走样和伸缩变形。刻版是一种精巧的专门技艺，主要由刻版师来完成。

3. 印刷

印版印制出版样，然后根据画面色彩，制作套色印刷的木版。

4. 配色

年画使用的墨汁均为艺人自己调制，应选用上等的烟煤（或墨灰）与面浆一起调匀，发酵沉淀至少一个月后才能使用。这样的墨色才能清晰均匀、饱和适度。

5. 印刷

大都是用色版套印，一版一色，一般要套印五六次才能把一幅年画印好。套印最讲究的是套版准确而不偏移，印出来的作品才能与原作保持一致。

6. 开脸

即画眼、描眉、点唇、敷粉等。

随着木版年画的不断发展和市场需求的变化，木版年画不仅仅鲜活于春节的年画上，还结合旅游开发了印制品、纪念画册、工艺品、烫印或针织出传统年画图案纹样的服饰等，推出了系列木版年画产品，形成了新的开发体系。传统工艺的情感化制品让我们能够在繁杂浮躁的现代生活之余感受温情传递，欣赏与感悟美的存在，让文化得到理想化的间接传承。

## 结语 传承非遗五育并举

将木版年画引入课堂能减轻学生心理负担，提高学生探究意识，也把主动权交给学生，营造轻松的思维空间。

木版年画的推广充分体现了科学技术创新的精神。木版年画技术的关键主要体现在雕版和印刷两个方面。有些地方的木版年画在保留原有木雕版的同时，可根据市场需要运用多种材料，如玉雕、石雕等，并加之全自动的电脑雕刻机等现代工艺，选择手工工具、半自动化工具或全自动化工具，做出跟原来一样或比原来更多、更好的雕版。把存在各种可能性和可行性的现代制作工艺应用于木版年画的雕版上，势必会为木版年画技艺的保留、传承及发展留下很大的空间。雕版制作技术的创新也会为印刷提供广阔的发展余地。根据不同的材料，采用现代多种先进的工艺技术，也会促使木版年画得到创新。

中华民族是拥有着5000年文明的礼仪之邦，尊崇仁、义、礼、智、信的儒家传统思想，道德理想的追求深刻根植于国人心中。例如福禄寿喜、吉祥如意等等，一直是人们心目中的理想。中国传统的木版年画正是被当作一种祈福的工具深受人们喜爱和认可。木版年画不仅可以美化环境，还能够彰显人们在伦理道德方面的诉求，当然也会受到传统文化的感染。木版年画作为民间传说故事的文化载体，浓缩了中华民族推崇的美好精神，源于民俗，但高于民俗，对于构建和谐社会、实现中华民族的伟大复兴具有重大而深远的意义。

2008年，木版年画以其独特的艺术魅力，经国务院批准列入第二批国家级非物质文化遗产名录。但是传统的木版年画制作如果只限于手工作坊，传承方式只限于师徒相传的话，传承方式未免太过于单一。在现代审美观念的背景下，把木版年画引入课堂，与学科相连接，与生活相交融，将是另外一种实现其传承与发扬民间艺术、民族文化意义的方式。木版年画专注严谨、一丝不苟的工匠精神，也将对孩子的终身发展产生深远的影响。

# 汉服——道法自然，曲线为美

解小羽 赵立研 钟艳娟

## 发现 挖掘生活中的非遗

汉服的历史悠久，是从黄帝继位至明末这近4000年中，以汉族的礼仪文化为基础，形成的具有独特民族风貌的服装体系。今天我们就走近汉服文化，一起来感受中国汉服之美。

**1. “华夏”与“华夏民族”**

据《左传》记载：华为服章之美，夏为礼仪之大。我们汉民族是一个有着美丽服饰、良好礼仪的民族。以“华夏族”自居的，是生活在伊洛平原的中原之人，因其文化远高周围四夷，所以将生活其中的空间称作“中国”。至春秋战国时期，“中国”被赋予了更多的文化意义，所指区域也随之扩大，基本与“华夏”同义。中国与华夏，后来也常被合称为“中华”。

**2. 百家衣的故事**

百家衣是婴儿服的一种，由一百个家庭贡献出的布片做成，故名百家衣。每当婴儿出生后，特别是数世单传，孩子的啼哭打破了家庭的沉寂，全家人为之惊喜万分。这时，孩子的奶奶、爷爷就要向左邻右舍报告喜讯，并向百家近亲好友求乞布块。特别是那些姓“刘”“陈”“程”的人家，谐音“留”“成”。在老人们看来，这些谐音都是吉利之语，对于保佑孩子成长有着举足轻重的作用，所以这些人家的一小块布头或是一方旧布

学生们听老师介绍百家衣

片，老人们也会珍重地留下来。布块的大小花色一般不太讲究，但以蓝色为最好。因“蓝”谐音“拦”，只要有蓝色的布块，妖魔鬼怪就收不走孩子。

**【鉴赏作品】**

欣赏品鉴汉服之美——道法自然，曲线为美

**1. 大自然中蕴含的线条之美**

美丽的大自然

壮观的梯田

在我国古代三月暮春之时，文人们有一重要的集会，他们会选择一条蜿蜒曲折的小溪，酒觞顺流而下，得者即兴赋诗饮酒，书圣王羲之，正是在兰亭雅集，曲水流觞后，写出天下第一行书的《兰亭集序》。

中国绘画也以流畅自然的线条来塑造形体。在古代人物画家中，就有“吴带当风，曹衣出水”的美誉。在吴道子、曹仲达两位画家的笔下，汉服尽显线条之美。

古代仕女风姿绰约

敦煌飞天的美态

闻名遐迩的敦煌飞天，姿势体态与罗裙飘带共谱节奏韵律。

**2. 汉代深衣具有动势的艺术美感**

汉代的深衣是平面剪裁，平展放置时，看上去平凡无奇，但是当着装者屈臂时，这种深衣的大袖就会自然形成褶皱的流线，这种流线，在人的举手投足之间不停地运动变化，形成极具动势的艺术美感。

深衣的流线

汉服一旦穿着起来，便会依据人的身体结构形成优美灵动的流线，从而显示出了自然之美。象形文字中的“衣”字，也有着姣好的 S“身材”。

**3. 曳地长裙表现飘逸灵动之美**

汉代的深衣还会搭配曳地长裙，翩跹灵动，轻舞飞扬，形成具有节奏的曲线。

汉代“折腰翘袖舞”

**4. 唐代齐胸襦裙展女性俏丽修长之美**

唐代是一个大一统的年代，经济和文化非常发达，丝织品产地遍及全国，无论产量、质量均超过前代，从而为唐代服饰的新颖富丽提供了坚实的物质基础。加之与各国各族人民广泛交往，对各国文化采取广收博采的态度，使之与本国服装融会贯通，因而得以推出无数新奇美妙的冠服。

唐代齐胸襦裙

“襦”是短上衣，唐代女性以健美为美，比之前代女性稍显丰腴。她们为了显示身材修长，将裙腰束到腋部，裙裾下垂于地，讲究“坐时衣带萦纤草，行即裙裾扫落梅”。唐女襦裙装在外来服饰影响下，取其神而保留了自我的原形，于是襦裙装成为唐代乃至整个中国服装史中最为精彩而又动人的一种配套装束。

唐代名画《捣练图》即是描绘唐宫廷女子制作丝织品“练”的过程。

《捣练图》

而周昉的《簪花仕女图》上，唐妃们穿着半透明的纱罗。唐袂飘飘，绮罗纤缕见肌肤。

《簪花仕女图》

由于织锦技术的革新，唐时已经能织出各种复杂的花纹。在《簪花仕女图》和《捣练图》上，我们都能看见漂亮繁复的花纹。

从古到今，服饰占有着很重要的地位，我们也经历了不少服饰的潮流。“衣食住行医”以衣为先，服装是人们生活的必要条件，又是我们时时处处都可见到的事物，中国是一个多文化的国家，每一种文化背景下都有着不同的服饰特点。汉服的美，美在它的优雅与飘逸，美在它的灵动和俏丽。

## 寻根 扫码观看前世今生

汉服是中国“衣冠上国”“礼仪之邦”的体现，承载了汉族的染、织、绣等杰出工艺和美学，传承了30多项中国非物质文化遗产以及受保护的中国工艺美。

## 问道 拓展阅读学艺知技

### 1. 汉服概述

汉服全称为“汉民族传统服饰”，又称汉衣冠、汉装、华服。汉服还影响了整个汉文化圈，亚洲各国如日本、朝鲜、蒙古等的部分民族服饰均具有或借鉴汉服特征。

### 2. 汉服的由来

汉服是世界上历史最悠久的民族服饰之一。在未有考古实物支持的年代，人们推测汉服最早的出现应该是在殷商时期。约5000年前，中国在新石器时代的仰韶文化时期就产生了原始的农业和纺织业，开始用织成的麻布来做衣服，后又出现了饲蚕和丝纺，人们的衣冠服饰材料日臻完备。殷商以后，冠服制度初步建立，西周时，服饰制度逐渐形成。周代后期，由于政治、经济、思想文化都发生了急剧的变化，特别是百家学说对服饰的完善有着一定的影响，诸侯国间在衣冠服饰及风俗习惯上都开始有着明显的不同，并创造了深衣。冠服制被纳入了“礼治”的范围，成了礼仪的表现形式，从此中国的衣冠服制更加详备。

### 3. 汉服的起源

（1）神话及传说起源——中华始祖，传说中的上古帝王轩辕氏黄帝统一华夏部落。在他统治下，政治安定，文化进步，国势强盛，有很多的发明和创造，如文字、农业、音乐、历法等。黄帝的正妃嫘祖，传说中就是她首创养蚕制丝织绢，从而发明了汉服。嫘祖衣被天下，丝美中华，西周以来被奉为中华母祖，尊为先蚕。

（2）实际起源——远古时期，生产力极端低下，对人类来说，服饰的起源是出于实用。石器时代后，人们掌握了制造工具和使用工具的方法，发明了骨锥和骨针，从而创造了原始服装。

### 4. 汉服的历史

汉服历史悠久，自“黄帝垂衣裳而天下治”起，已逾数千年。

（1）夏商周时期，汉服的基本特征已在此时确定：交领、右衽、系带为最基本的典型特征，上衣下裳是最基本的式样。

商代玉人

（2）春秋战国时期，衣服的样式比商代略宽松，衣袖有大小两式，领子通用矩领，没有纽扣，一般在腰间系带。深衣在这一时期出现。

战国早期，曾侯乙墓出土铜人

（3）秦汉服装仍然以深衣为主，大致分为曲裾、直裾两种，男女均可穿着。此外，亦有着襦裙者，一般上襦极短，只到腰间，而裙子很长，下垂至地。

汉代曲裾人偶

（4）魏晋南北朝时期，衣服比先前宽大，女子一般上身穿衫、袄、襦，下身穿裙子，款式多为上俭下丰，衣身部分紧身合体，袖口肥大，裙为多折裥裙，裙长曳地，下摆宽松。男子多穿大袖翩翩的衫子。受北方鲜卑等影响，上衣下裤形式的裤褶一度盛行，但南朝仍习用上衣下裙的传统形制。传统的深衣制已不被男子采用，女子仍有穿着。

（5）隋唐五代：唐代男子服饰，以幞头袍衫为尚，幞头是在汉魏幅巾基础上形成的一种首服。圆领衫、袍是在深衣基础上发展而来的，是唐代男子主要的服装形式。隋唐妇女的主要服式仍然是襦裙。在隋代及初唐时期，妇女的短襦都用小

北齐《校书图》，女梳双丫鬟，穿小衫长裙

南朝陶俑：左为穿窄袖小衫长裙的女子；中为戴小冠、穿窄袖襦裙的男子；右为穿窄袖小衫、大管裤的女子

袖，下着紧身长裙，裙腰高系，一般都在腰部以上，有的甚至系在腋下。中唐时期的襦裙比初唐的较宽阔一些。

《步辇图》

《韩熙载夜宴图》

（6）宋代和元代：宋朝汉族男子服饰大体上沿袭唐代样式，一般多穿交领或圆领的长袍。女子通常上身穿窄袖上襦，下身穿长裙，上衣之外经常外套一件褙子。元代汉族民众仍然以汉服为主，只是风格上多少受到一些蒙古族的影响。

穿褙子的女子（宋·《瑶台步月图》）

宋徽宗听琴图

苏轼画像

（7）明代：明朝政府采取了上承周汉、下取唐宋的治国方针，对整顿和恢复礼仪极其重视，并根据汉族传统重新规定了服饰制度。此外，又吸收了一些元代服饰特点，发展出曳撒等特色服饰。明代妇女的服装仍以襦裙为主，除了一直流传的衫、袄及裙子，还流行霞帔、褙子、比甲等新鲜样式。衣在裙外的袄裙逐渐占据主要地位。

《明宪宗元宵行乐图》（局部）

穿比甲的妇女

（8）近现代：清代入主中原后，推行强制的易服政策，使汉族传统的服饰制度被迫中止。现今，习近平主席提出要实现中华民族复兴的伟业，人们倡议传承优秀中华传统文化，并复兴汉服。通过一系列穿着汉服、宣传汉族文化的活动，支持者以复兴汉民族传统服饰为切入点来影响大众进而发扬传统文化。

明代汉服与清代服装的对比

广州汉服活动

**5. 汉服的特点和作用**

（1）特点：汉服的基本特点是交领右衽，用绳带系结，也兼用带钩等，又以盘领、直领等为其有益补充。结构上，汉服分为十个部分：领、襟、裾、袂、袪、袖、衿、衽、带、系。

汉服的一个重要特征是交领右衽。请同学们分辨右图中人物的衣领是不是右衽。右衽是左边的衣领盖住右边的衣领还是反过来呢？

“右衽是左盖右。”

《礼记》中即以“衣”作为族群认同和区分的标志。华夏族上衣下裳、束发戴冠之时，东方之夷“披发文身”，北方之狄“衣羽毛穴居”。因为华夏族的文化远超四夷，所以从诞生起，它就是一个非常骄傲、极具自信的民族。右衽即是先进文明的一种象征，是身为华夏族人骄傲的代表。虽然汉服历来款式丰富，但汉服的基本形制（或样式）“交领右衽，不用扣子，而用绳带系结”的特点却是千古未变的。

圆领长袍

除了交领，汉服还有对襟和圆领作为有益补充。这套圆领长袍是唐时男子最喜欢的服饰。下至庶民，上至天子都喜欢穿着这样的圆领长袍。唐代从唐太宗李世民开始，黄色成为皇家御用色彩。特别是北宋太祖赵匡胤陈桥兵变黄袍加身后，黄袍正式成为皇权的象征，并历代沿用。

经过千年的发展，汉服已经是一种成熟的服饰了，不但内部种类丰富，工艺考究，而且配饰也非常丰富。在这漫长的时间中，汉服历史的发展一直遵循着代代相传、世世相袭的特点，这体现了汉服历史发展的传承性。作为一个拥有千年历史的事物，汉服从来就不是一种款式，“上衣下裳”“深衣”“襦裙”等丰富多彩的款式体现了一种悠久的民族服饰应有的多样性。汉服在很大程度上已经被视为正宗传统文化的象征了，而且汉服本身就处处体现着传统文化，汉服与传统文化是和谐的一体。

（2）作用：汉服是汉民族传承4000多年的传统民族服装，是四书五经中的冠服系统，是以儒教圣经《诗经》《尚书》《周礼》《礼记》《易经》《春秋》、大唐《开元礼》、二十四史舆服志和其他经史子集等为基础继承下来的礼仪文化的必要组成。汉服体系展现了华夏文明的等级文化、亲属文化、政治文化以及儒家的仁义思想。在中国古代的宗法文化背景下，服饰具有昭名分、辨等威、别贵贱的作用，为吉礼、凶礼、宾礼、军礼、嘉礼的礼服。除去国家大事的礼仪，普通汉人的家礼包括冠婚丧祭四礼。四书五经对汉服礼服有详细的描述。

## 创新 实践活动异想天开

**【技法实操】**

汉服是中国汉族的民族服饰，从黄帝“垂衣裳而天下治”至明末清初的“剃发易服”，汉服延续了超过4000年的时间。它起源于远古，定型于春秋战国，盛于明，衰于清。今天，汉服不仅是一种生活美学，更承载着知礼仪、传承中华民族精神的重任。

它的制作过程分为以下五个步骤：

（1）手绘纹饰。在前期考证基础上，设计纹饰。

（2）电脑绘图。用电脑画出图案，用于后续面料生产编程。

（3）裁剪。平面裁剪，讲究宽衣博带之美。

（4）缝制。将布料缝制贴合。

（5）熨烫。熨烫定型。

【动手做一做】

1. 实践：利用废旧材料制作一件汉服

首先，拿出废旧的纸张材料，将纸张裁成正方形，对折后再对折，在纸上画一条宽距 0.8 厘米的直线，将画线部分的外侧剪掉，把纸打开。

接着，将纸反过来对折后，每面各往下移一些，由于曲裾是交领右衽的，所以将右边的纸盖在左边的纸上。

然后，把伸出来多余的角剪掉，用铅笔画上直裾上衣大概的轮廓，腰身是直的，袖口可以画成有弧度的广袖。沿着铅笔的印子剪下，并剪去多余的一角，将纸打开，用作裙子的纸剪 3 到 4 条 0.8 厘米宽的纸条做领口和衣缘。

最后，拿一张废旧纸张，用来做下半身的衣服，环绕腰身折成一个梯形，剪一条 1.5 厘米的长条做腰封，环绕腰间，粘好，一件简易的汉服就做成了。

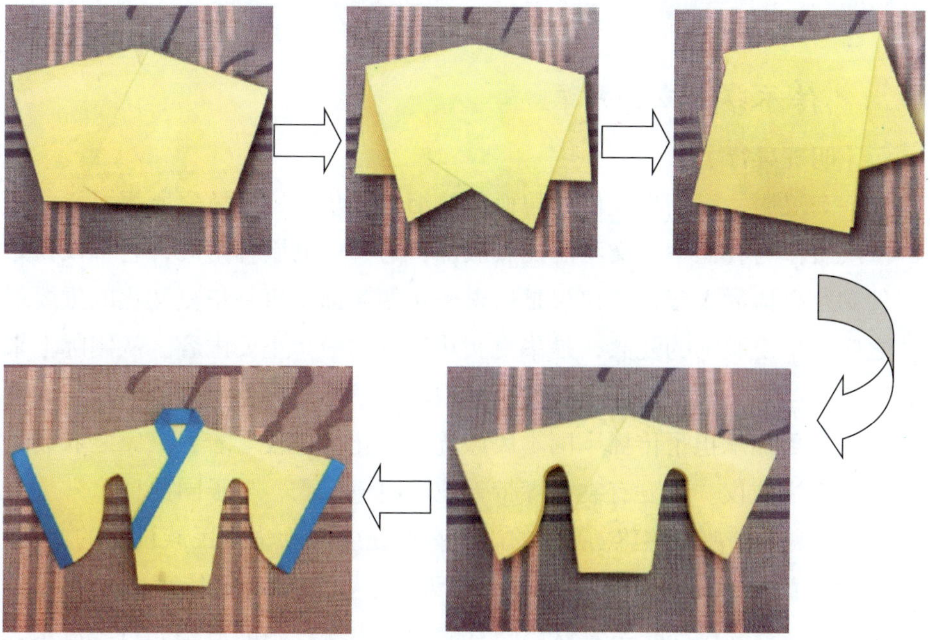

用纸制作汉服

2. 欣赏：汉服新潮

## 结语 传承非遗五育并举

【明理导行】

一套汉服，浸满先人们的碧血与热泪，是华夏民族情之所系、心之所归。汉服作为我们华夏文明的民族服饰，与一般的服饰不同，它不仅仅是一件御寒裹体的衣服，不仅仅是追求美丽的装饰，更是华夏文化的重要载体之一。华夏服饰的复兴，是华夏文化复兴的一个重要内容。从国际上来看，作为各国文化象征而存在的民族服饰，已不单单是一件能够蔽体保暖的外套，更加承担了传播本国本民族优秀文化的重任。着我汉家之衣裳，扬我华夏之威仪。华夏有裳，襟带天地。岂曰无衣，与子同袍！

广袖翩翩，古风悠悠。美丽的汉服真像是上天为华夏民族设计的衣裳。她的裁剪简单，每个部件都蕴含着敬天意、重道德的传统理念；她的做工精致，每条绣线都联系着返璞归真的深远内涵；她的造型如行云流水，正如仙人的缥缈仙姿；她的色彩缤纷绚丽，恰似天国世界的祥云缭绕。

华南师大附小学生参加非遗研学活动的作品

中国古代服饰随着改朝换代而发生变化，不同的朝代反映出不同的文化，从中更体现出不同时期人类被赋予的智慧。无论是汉之大气古朴、唐之富丽堂皇、宋之纯朴淡雅，还是明之清秀端庄，这些都在历史的传承与发展过程中，汉服充分展现了古人“仁、义、礼、智、信”的道德内涵，更是纯善纯美的中国传统服饰艺术的重要象征。华夏复兴，衣冠先行。在多元文化发展的今天，让我们传承优秀传统文化，对汉服加以深刻研究，展现中华民族的璀璨文明。

# 刺绣——巧手“绣”生活

李丽萍

## 发现 挖掘生活中的非遗

中国是世界文明古国，也是世界上最早生产和使用纺织品的国家之一。刺绣既是一门艺术，也是一门文化，它与我们中华民族的历史丝丝缕缕联系着，是劳动人民勤劳与智慧的结晶，对我们继承优秀传统文化并发展现代的艺术创作具有重要的现实意义。

精美的刺绣作品

## 寻根 扫码观看前世今生

1. 了解刺绣

刺绣是针线在织物上绣制的各种装饰图案的总称。刺绣分丝线刺绣和羽毛刺绣两种，就是用针将丝线或其他纤维、纱线以一定图案和色彩在绣料上穿刺，以绣迹构成花纹的装饰织物。它是用针和线把人的设计和制作添加在任何存在的织物上的一种艺术。刺绣是中国民间传统手工艺之一，在中国已有两三千年历史。

2. 刺绣的现状

党的十八大以来，党中央高度重视中华优秀传统文化的传承发展，习近平总书记发表了一系列重要讲话，为中华优秀传统文化的传承发展指明了方向。党的十八届五中全会提出，要构建中华优秀传统文化传承体系，加强文化遗产保护，振兴传统工艺。刺绣文化博大精深，是世界上优秀的民族传统工艺之一。中国是世界上刺绣从业人数最多、刺绣产品最丰富的国家，在已公布的国家级非物质文化遗产项目中，各种绣艺达30多项，其中，风格独特的潮绣起源于潮州。2018年潮州国际刺绣艺术双年展经文化和旅游部批准，得到了文化和旅游部领导的高度重视和非遗司及相关部门的大力支持。潮州国际刺绣艺术双年展是在中国举办的第一个国家级、国际性的刺绣艺术双年展，目的在于促进非物质文化遗产研究与保护，振兴与发展传统刺绣工艺，促进国际交流；通过国内外刺绣艺术家相互学习、相互提升，博采众长，激发传统工艺的生机与活力，向世界展示刺绣传统技艺的独特价值与无穷魅力。

## 问道 拓展阅读学艺知技

1. 中国四大名绣

四大名绣，指的是我国刺绣中的苏州苏绣、湖南湘绣、广东粤绣、四川蜀绣。

中国的刺绣工艺在秦汉时期便已达到较高水平，是历史上“丝绸之路”运输的重要商品之一。中国四大名绣是中国刺绣的突出代表。

（1）苏绣

苏绣的历史长达2000多年，自古便以精细素雅著称于世，其构图简练，主题突出，技巧精湛。

（2）湘绣

湘绣是吸收苏绣和其他刺绣的长处发展而来的。湘绣使用不同颜色的线相互掺和，逐渐变化，色彩丰富饱满，色调和谐。湘绣的图案借鉴了中国画的长处，所绣内容多为山水、人物、走兽等，尤其是湘绣的狮、虎题材，形象逼真，栩栩如生。

（3）蜀绣

蜀绣以软缎和彩丝为主要原料，针法多达100多种，充分发挥了手绣的特长，具有浓厚的地方风格。蜀绣题材大多为花鸟、走兽、虫鱼和人物等，品种除了绣屏，还有被面、枕套、靠垫、桌布、头巾等。

（4）粤绣

粤绣始于唐朝，题材广泛，多为百鸟朝阳、龙凤等图案。

**2. 传承人**

姚惠芬，苏绣艺术家，国家级非物质文化遗产项目（苏绣）代表性传承人、享受国务院特殊津贴专家、首届中国刺绣艺术大师、江苏省工艺美术大师，一代“针神”沈寿的第四代传人。

苏绣艺术家姚惠芬

姚惠芬注重研究当代苏绣的传承与创新，首创了“简针绣”刺绣技艺，创作出了《简针绣系列》《水墨写意系列》以及《苏州新梦——园林组画系列》等具有高度艺术性和创造性的刺绣作品。

姚惠芬出生于苏州刺绣世家，儿时在奶奶和妈妈的绣花棚前玩耍，在爷爷和爸爸的设计画稿旁成长，潜移默化地，这个少女的心灵深处埋下了刺绣的种子。她曾在苏州租住的十来平方米的房子里白天刺绣，晚上把画

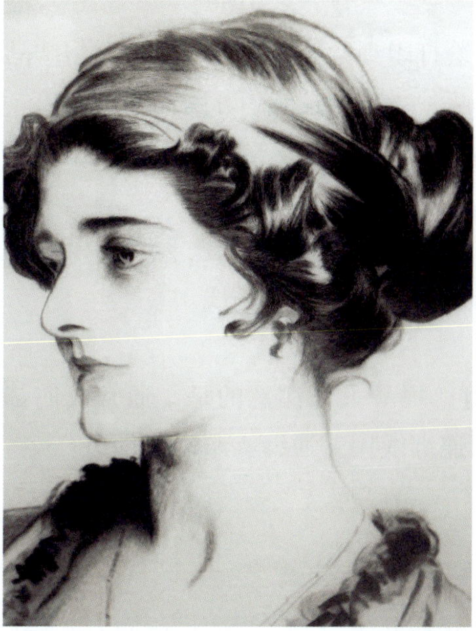

姚惠芬作品《青年女子肖像》

稿贴在床头一遍遍回想白天的针法和明天要如何改进。她说，“很难很难的时候眼泪也会掉下来，但这是我自己的选择，我热爱刺绣，它就是我的生活”“拿起针线，就有了让一切静下来的理由”。从1991年至今，姚惠芬所创作的苏绣艺术品几十次荣获国家级工艺美术大奖并荣获中国民间文艺的最高奖——“山花奖”及“江苏大工匠”“全国非物质文化遗产保护工作先进个人”“中国非遗年度人物”荣誉称号。2017年5月，姚惠芬和她的绣娘团队所创作的系列当代苏绣作品成功入选并参加了“第57届威尼斯双年展中国馆”的展览，开创了当代苏绣进入世界顶级艺术展览的先河。

姚惠芬的多幅作品被英国大英博物馆、伦敦大学美术馆、苏州博物馆等国内外多家博物馆、艺术馆及美国总统小布什、建筑设计大师贝聿铭、联合国教科文组织总干事博科娃等名人收藏。

姚惠芬作品《骷髅幻戏图系列》

## 创新 实践活动异想天开

### 1. 预备阶段

首先要将制作过程中所需要的材料及工具准备好。

要准备的材料有——底稿、棉布、绣花线、绑线、连绑线、胶皮线；工具有——绷框、站架、手扶板、剪刀、羊毛针、绣花针、卷尺。

2. 制作底稿

底稿是将图案通过专业打印机喷绘打印到丝绸布上的成品，它是绣品的模板。苏绣底稿的来源大体可分为两种：一种是专为苏绣而作的画稿；另一种是选自名家的作品，包括国画、油画、照片等。

3. 绣花线

苏绣对绣花线的要求比较严格，我们可以从市场上购买，要根据自己所需要的颜色，挑选色泽鲜艳、有光泽、粗细均匀的线。

4. 绑线连绑线

这两种线用普通的家庭用线即可，提醒大家注意的是，通常我们都会选择比较粗的棉麻线来做绑线，而连绑线用普通缝衣服的线即可。

## 结语 传承非遗五育并举

【明理导行】

刺绣是一种长时间坐着操作的安静的劳动，又是一种艺术性的劳动。通常，一件普通 30×30 厘米规格的绣品就要用半个月的时间来完成，因此，对刺绣者的要求也是非常严格的，刺绣者不仅要具备相当的艺术修养，还要懂得一些基本画理，同时，还要有耐心细致、一丝不苟的劳动态度和持之以恒、刻苦钻研的精神。

文化强民族强，没有高度的文化自信，没有文化的繁荣昌盛，就没有中华民族伟大复兴。弘扬民族文化是我们大家的责任，让我们一起把穿在身上的刺绣和学在手里的传统技艺不断传承下去。

# 纸雕艺术——神奇的纸技艺

罗 俊

## 发现 挖掘生活中的非遗

大家可能不太了解，这件作品看起来跟我们平常见到的剪纸作品有点像，但其实它并不是用剪刀剪出来的，而是用刻刀刻出来的。这种技艺是我国的一种非遗文化，叫作纸雕艺术。

王立明刻板纸雕作品（一）

## 寻根 扫码观看前世今生

纸雕艺术起源于中国汉代，古老的纸雕艺术主要孕育在民间艺术土壤中，发展缓慢却从未间断，形态虽无变化万千，却不失创新精神。其中民间韵味浓厚的纸雕彩灯在借鉴宫灯艺术造型的基础上，开创了中国纸雕艺术的经典篇章。

## 问道 拓展阅读学艺知技

可能很多人会问，除了使用的工具不一样，纸雕艺术跟剪纸艺术还有什么不同呢？其实刚刚我们看到的那件纸雕作品是多种纸雕风格中与剪纸比较像的一种，叫作“刻板纸雕”，相比我们传统的剪纸作品，这种风格的纸雕作品造型相对要复杂一些。从技法上来说，剪纸采用了较多的重复、对称等图形规律，而刻板纸雕则需要借助刻刀一点一点地去雕刻。

王立明刻板纸雕作品（二）

纸雕，又称纸浮雕，起源于中国汉代。纸雕是一种以纸为素材、使用刀具塑形的工艺。纸雕艺术就是折纸艺术，它是民间传统的手工艺术之一。纸雕的制作要求艺人熟练地运用切、剪、折、卷、叠、粘等手法。纸雕发展到现在，可分为三个流派：立体派、实验派、刻板纸雕派。2015 年 3 月，刘心的《牡丹》纸雕入选洛阳市非物质文化遗产名录。

立体派纸雕作品

实验派纸雕作品

刘心纸雕作品《牡丹》

**欣赏品鉴**

下图是刻板纸雕派代表人物王立明的作品《百羊开泰》（局部），王立明的作品内容、形式丰富多彩，既有浓厚古典气息的沿袭，又有颇具新时代特色的创新，作品总共分为若干系列，分别为长卷系列、军事时事系列、中国古典故事系列、中国山水系列、明星头像系列等。而这幅《百羊开泰》刻板纸雕作品是艺术家王立明耗时三个月时间完成的，作品长 10 米，高 0.65 米。只见纸雕上刻有 101 只羊，其中有绵羊、山羊、小北寒羊、大耳羊、驼羊等，它们在草原、河边、大树下或站，或跑，或静，或跪，或远眺，或嬉戏，展现了美好家园的一片和谐气氛。

王立明作品《百羊开泰》局部

下面两幅作品分别属于立体派和实验派的纸雕作品，立体派纸雕善于利用纸的造型来营造立体空间感，如果不告诉你它是用什么做的，放在镜框里远远地看，一般人都会误认为是木刻或是牙雕，这就是纸雕的趣味所在。这件纸雕作品巧妙地利用建筑的线条结构关系呈现出了一幅惟妙惟肖的都市景观。

立体派纸雕

其实实验派纸雕的特点就是创作方法灵活多样，善于借助新技术、新材料进行艺术创作，具有很强的创新性、时代性，是对非遗纸雕技艺的一种拓展，同时给纸雕艺术注入了新的生命力。我们看到的右边这幅作品使用了灯光技术和机关装置，让作品看起来更加亲近自然、生动活泼。

实验派纸雕

## 创新 实践活动异想天开

选择简单易操作的方法和题材，也可以体验纸雕艺术。

步骤和方法：

第一步：用铅笔描绘内容图案（只需要画出物体的外部轮廓和内部结构线条即可，而且绘制的物体轮廓和结构要尽量简练。如果觉得绘制过程过于麻烦费时，也可以直接采用打印线稿的方式）。

第二步：雕刻制作。在第一步绘制好的线稿图案的基础上，用刻刀进行刻制（技术要点：刻制的时候应该先刻细小的部分，因为细小部分是比较难刻且比较脆弱的，这样有利于保护作品的完整性。同时要向学生强调用刀的安全）。

第三步：组合与托表。如果想让作品效果更加丰富，我们可以把多个纸雕部件进行组合拼接，然后进行托裱，让作品变得完整和便于欣赏。

可供参考的纸雕作品

## 结语 传承非遗五育并举

大家了解了纸雕艺术，知道了纸雕艺术的流传历史和纸雕的不同流派风格，也通过制作实践学习简单的纸雕技法。其实我们在学习非遗文化的时候，也应该好好思考其背后的文化意义。通过对纸雕艺术的学习，可以发现这是对我们中国四大发明之一——纸的融合创新。纸诞生之初其作用只限于书写，随着时代的发展、科技的进步，加上我们不断创新的精神，纸的用途变得越来越广：如果没有纸我们就没办法欣赏阅读到那么多的古迹文字；如果没有纸我们还得兜着沉重的金属钱币去买东西；如果没有纸也不会有我们今天所学的纸雕艺术，无法想象如果我们现在的人类世界没有纸会怎么样。这就是我国四大发明的伟大之处，虽然它是古老的发明，但其对人类的影响和贡献是永久的。建议大家课后再去了解纸的发展历史，有兴趣的甚至可以去我们广东省肇庆市拜访邓村古纸坊，尝试古纸造法。

# 中国书法——笔耕不辍，汉字不冷

吴燕花

## 发现 挖掘生活中的非遗

我们中华民族有着丰富的文化瑰宝，中国书法被誉为“无言的诗，无行的舞，无图的画，无声的乐”。中国人的生活中处处有书法，有中国人的地方就有书法，有汉字的书写，就有对书法的艺术追求。

生活中的书法

## 寻根 扫码观看前世今生

从很久以前，劳动人民创造了汉字，开始时用画图记事，后来逐渐演变成了如今的汉字，并用毛笔开始书写。汉字书法用无声的方式记录着中国传统历史文化变迁的足迹。在历史长河中，汉字书法艺术在中国五千年璀璨的文明史上画下了浓墨重彩的一笔。

## 问道 拓展阅读学艺知技

**【非遗大学堂】**

书法是我们民族的象征。书法是因为汉字的存在而进步；汉字是因为书法的进步而靓丽。二者并肩同行，不可缺一。如今的我们，继续在学习着、探索着、追寻着书法的魅力。

**1. 中国书法简介**

书法，是中国及深受中国文化影响的周边国家和地区特有的一种文字美的艺术表现形式，包括汉字书法、蒙古文书法、阿拉伯文书法和英文书法等。中国书法，是中国汉字特有的一种传统艺术。

从广义讲，书法是指文字符号的书写法则。换言之，书法是指按照文字特点及其含义，以其书体笔法、结构和章法书写，使之成为富有美感的艺术作品。汉字书法为汉族独创的表现艺术，被誉为“无言的诗，无行的舞，无图的画，无声的乐”等。中国书法艺术历史悠久，源远流长，十大国粹中，书法名列第一。

**2. 中国书法工具——文房四宝：纸、墨、笔、砚**

书法的工具，不消说，便是文房四宝了——纸、墨、笔、砚。平常讲到四宝，总是说湖笔、徽墨、宣纸、歙砚，这是因为那些地方的人从事那些工业，产品出产多，品质好，应用最普遍而著名的缘故。

（1）纸

初学写字，大楷用浅黄色的原书纸（七都纸），小楷用毛边、竹帘或白关纸。总之，宁使毛些、黄糙些，不必求纯细、洁白，白报纸、有光纸等均不适宜。初学字的毛病是滑，所以忌用光滑而不留笔、不吸墨的纸类。至于水油纸，等于古代的所谓硬黄纸，那是摹写所用。废报纸可以拿来临习榜书。

（2）墨

墨大别分为两类：一种是松烟，一种是油烟。普通的都是油烟，此墨书画都相宜；松烟墨仅宜于写字，墨色虽深重却无光泽，并且一着了水容易渗化。

普通墨的最大坏处，是胶重和有砂钉。胶重滞笔，砂钉打砚。以光彩辨古墨好坏的方法，也可应用到市上较好的墨。还有一种辨别墨质的方法：与辨别墨质粗细的方法同理，便是磨过之后，干后看墨上有无细孔，由孔细孔大，亦可分辨它们的精粗。磨墨用水，须取清洁新鲜的。磨时要慢，慢了就能细，正像炖菜时须用文火一样。古人论磨墨说“重按轻推，徐徐盘旋”，又说“磨墨如病”，形容得很妙。

（3）笔

笔的分类，大别可分为三类，即硬、软和适中。拿取材来说，在植物方面有竹、棕和茅，在动物方面有人类的须及胎发，兽类的有虎、熊、猩猩、鹿、马、羊、兔、狐狸、貂、狼等的毫毛及猪鬃、鼠须，禽类方面有鸡、鸭、鹅、雉、雀之毛。拿竹、棕、茅、须、发、鸡、鸭、鹅、雉、雀毛来制笔，都不过是作为好奇，或务为观美，既不适实用，自然也不会通行。所以讲到一般的笔材来源，只在兽毛了。软笔只有羊毫一种。除羊毫外，虎、熊、猩猩、马、鹿、狐狸、貂、狼等毫毛及猪鬃、鼠须等都属于硬笔。不硬不软的一类，便是羊毫和兔、狼等毫的一种混合制品。社会上一般所用的笔，大概不外乎羊、兔、狼毫三种。

（4）砚

砚材有玉、石、陶、瓦、砖、瓷、澄泥等类，形式也不一而足。普通的都是石砚，石类中大别为二，一是端石，二是歙石。我们用砚，既得备“细、润、发、墨”四字条件的，不论端歙，总之已经是上品了。用砚必须每日洗涤，去其积墨败水，否则新磨的墨，既没有光彩，砚与笔也多有损害。洗砚须用冷水、清水，拿莲房剥去了皮擦最妙，用海绵、丝瓜络亦好。

笔墨纸砚统称为“文房四宝”。古人认为万物皆有灵性，笔墨纸砚亦然。在使用之余，文人雅士还给它们取了人性化的名字（见韩愈《毛颖传》）：

纸：会稽褚知白。古时会稽在现在的浙江绍兴，出产贡纸。

墨：绛人陈玄。古时绛州在今天山西省新绛县，所产之墨较为有名，为朝廷贡品，而墨又以陈年、玄色者为上品，故称之为绛人陈玄。

笔：中山人毛颖。韩愈作《毛颖传》，将毛笔拟作人形并取名为毛颖，为其立传戏说其生平。文章开头：“毛颖者，中山人也。”故称毛笔为中山人毛颖。

砚：弘家陶泓。隋唐时期，天下陶砚盛行，而其中又以虢州，即汉时弘家郡（今河南灵宝）所产最负盛名，砚中间下凹以存墨汁，故称之为弘家陶泓。

**3. 中国书法书体**

殷商时期的甲骨文，周朝时的金文、石刻文，秦代的篆书，汉代的隶书，从东晋到唐朝的楷书、行书、草书，到了唐代，中国的书法艺术达到成熟，并且繁荣。中国的书法有五种基本书体：篆书、隶书、楷书、行书、草书。

（1）大美篆书

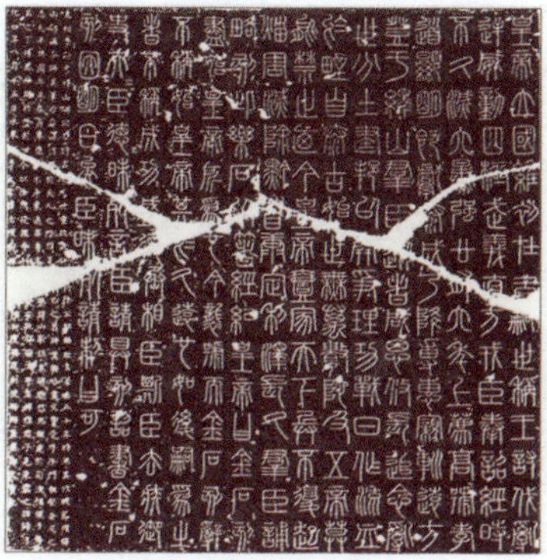

李斯《峄山刻石》

篆书是大篆、小篆的统称。笔法瘦劲挺拔，直线较多。起笔有方笔、圆笔，也有尖笔，手笔“悬针”较多。古人说：“不识篆而刻印，犹如不识字而作文章，其文章之不通，可想而知矣！”

（2）优雅隶书

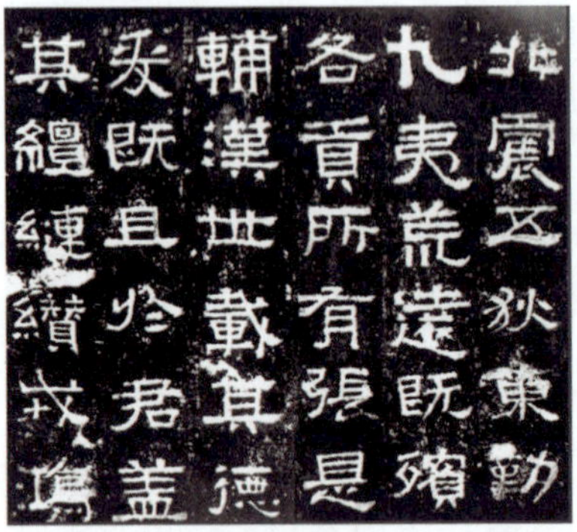

《张迁碑》

隶书的笔画方劲古拙，给人一种沧桑优雅的美。隶书是从篆书演变而来的，使汉字从原来的单一的笔画发展成为多变的笔画，把篆书圆转笔画变为了方折，所以有“篆圆隶方”的说法。

（3）方正楷书

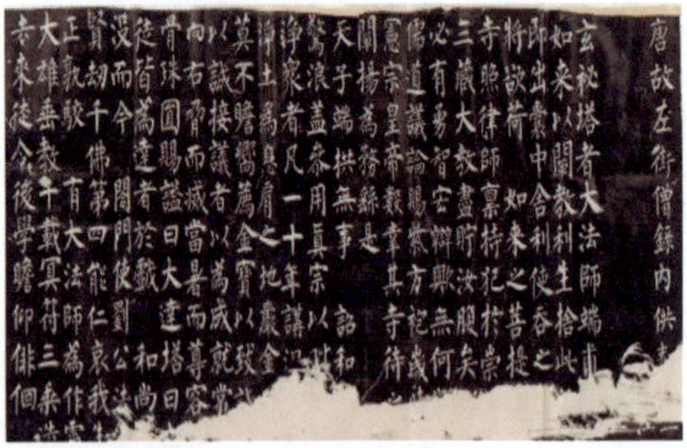

柳公权《玄秘塔》

楷书也叫正楷、真书、正书。由隶书逐渐演变而来，更趋简化，横平竖直。《辞海》解释说它“形体方正，笔画平直，可作楷模”。始于汉末，通行至今，长盛不衰。

（4）潇洒行书

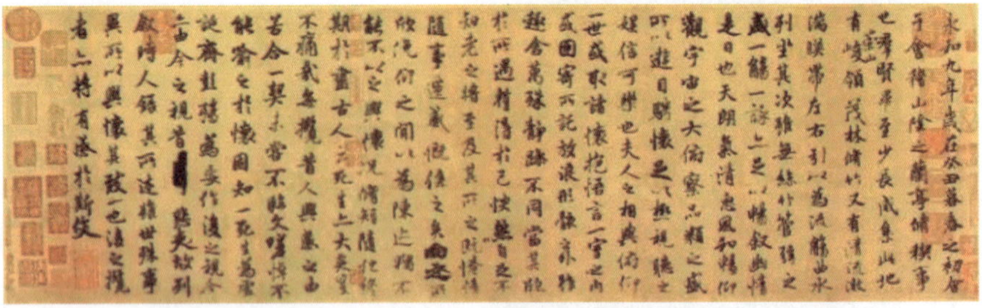

王羲之《兰亭集序》

行书在楷书的基础上发展而来，介于楷书、草书之间，是为了弥补楷书的书写速度太慢和草书的难于辨认而产生的。行书的实用性和艺术性都很高。

（5）狂放草书

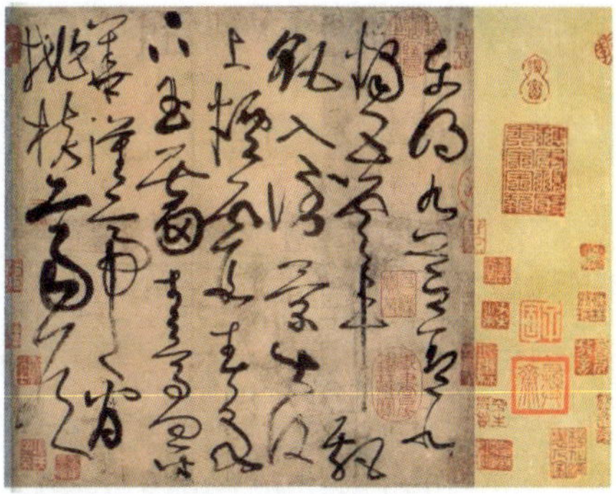

张旭《古诗四帖》

草书的特点是结构简省、笔画连绵。草书分为章草和今草，而今草又分大草（也称狂草）和小草，在狂乱中尽显优美。

**4. 传承故事和传承人物**

书法，作为中国这个古老国度的文化象征和精神寄托，像一叶扁舟，随清风徐来，伴晨钟而过，携着古人的气息，伴着今人的朝气，历久弥新，令人陶醉。

中国书法无处不在，人人都可以是书法传承人。分享你知道的书法家故事，可以是名人，亦可以是你身边学习书法的人或你自己学习书法的故事。

## 创新 实践活动异想天开

**【技法实操】**

（1）毛笔字基础入门：工具准备与执笔姿势

（2）学习书法的方法步骤

第一阶段：不要急于执笔练习，应先学习结字规律。

间架结构相对容易一些，掌握了间架结构以后，在读帖、临帖时对于点画、分部的布置也更容易理解。对于今天的我们来说，结字的规律没必要再从历代碑帖中一点一点地去悟、去总结，因为古人都已经总结得很好了，有现成的，我们直接学习就行了，像欧阳询《三十六法》、李淳《大字结构八十四法》、黄自元《间架结构九十二法》都可以拿来参考学习。

第二阶段：备全笔、墨、纸、砚、帖，用心体会执笔与运笔方法。

推荐“五字执笔法”，要弄明白五个手指的分工，静止状态下是怎么样的，写字时运转起来又是怎么配合的，运笔不仅仅靠手指，还有腕肘的运用。初学建议从楷书学起，楷书既包含了篆书的笔法，又包含了隶书的笔法，既有方笔又有圆笔。风格可以根据自己的喜好选择，最好不要从碑学起，尽量选择墨迹字帖，琢磨书法的用笔方法非墨迹不可。

第三阶段：由简到繁，细心观察，分类总结，牢记于心。

下笔之前，可以先好好读一读蒋和原所著《习字秘诀》中的“点画全图”一章，此章节对基本点画有详细的讲解，可同时结合一些相关的视频帮助加深理解，先学理论，然后再下笔实践。初学建议写一寸到两寸之间大小的字，差不多3.5厘米到6.5厘米之间。可以把字帖上的字按结构分类，按分类临写，每一类有哪些特点、有哪些相同点，又有什么变化，等等，举一反三，触类旁通，方便分析总结。

## 结语 传承非遗五育并举

**【明理导行】**

笔成冢，墨成池，不及羲之即献之。笔秃千管，墨磨万铤，不做张芝做索靖。今天我们一起领略了中国书法，学会鉴别区分文房四宝，更跟着名人墨书体会了其中深远的文化魅力。

我们常说，中国人要有文化自信。文化自信不是口号，而是以五千年历史为底蕴，实打实、沉甸甸的东西。多少远古文字都逐渐消亡了，而我们的汉字却从甲骨文绵延到今，刻进了中国人的骨头里。因此，每当重温千年书法史，在学习、欣赏的同时，都能收获满满的正能量，这种正能量，就是文化自信。

青灯伏案，你在笔墨中前行，与古人对话，与心灵沟通。那些老祖宗留下的传统文化，需要我们传承、借鉴、学习并发扬光大。笔耕不辍，汉字不冷。

# 广州榄雕——一雕一刻见匠心

吴燕花

## 发现　挖掘生活中的非遗

广州榄雕以其微小精细闻名遐迩，作品清雅别致，巧夺天工，仿佛将观者带入另一个静谧的微观世界。它是中国传统手工文化的一大瑰宝，具有极高的艺术价值。

精美核雕作品

多么神奇而瑰丽的艺术，一颗平凡的榄核，竟在人工的雕琢下变得如此生动精美。

## 寻根　扫码观看前世今生

榄雕起源于广东，榄核产于广东，而核雕艺术在发源地却没有广泛地为人所知。让我们一起踏寻岭南文化的印记，探索榄雕秘境。

## 问道 拓展阅读学艺知技

**【非遗大学堂】**

榄雕在我们国家已经有超过一千年的历史了。据《焦氏笔乘》记载，在宋代，宫廷里就有榄雕的一些作品出现了。

**1. 核雕艺术简介**

核雕是中国汉族民间微型雕刻工艺，以桃核、杏核、橄榄核等果核及核桃雕刻成工艺品，已被列入第二批国家级非物质文化遗产名录。其艺术特点是在较小的果核上表现出复杂的题材，雕刻手法也细致入微。江苏苏州和扬州、山东潍坊、广东等地均有核雕，各有各的特色。

民间多以桃核雕刻，穿孔系挂在身上作为辟邪之用，也有制成佩件、扇坠、串珠等为文人清玩。所刻有诗文或渔家乐、百花篮、罗汉等题材。

古代，我国南方的微雕工艺一向有特色。特别在江浙地区，传统手艺一直注重精巧雅致，微中见宏，尺幅之间展示大千世界以及人生种种情趣天地。在各式各样的工艺巧作中，果核雕刻可谓在中国工艺的艺术长河中独树一帜。

明清时期，我国大型雕塑艺术无大发展，然而小件雕塑品和工艺品的装饰制作却搞得生气勃勃，富于创造性。其中的桃核、杏核雕刻和橄榄核雕刻是颇有特色的品种，其作品的构思和雕刻都达到了极高的工艺水平和艺术境界，被人称作“微雕神技，艺术奇葩”。明、清两代这种核雕的微雕艺术堪称一绝，当时江浙一带官宦商贾中流行玩赏竹木牙雕等古玩奇珍，精湛而玲珑的核雕艺术品就是当时人们搜罗的热门之一。

据了解，明代的核雕最早的核材都是桃核与杏核，未曾见到当时用橄榄核或胡桃核等进行雕刻的物品。据现存世的核雕来看，明代以后到了清乾隆年间才出现用橄榄核和胡桃核雕刻的花船和人物等核雕。明代的桃核、杏核雕刻大多是神仙人物、避邪神兽、吉祥物等。小小核雕作为一种垂挂在衣带、纨扇或是绣袋下面的坠物，一方面可用来装饰和点缀，另一方面也可玩赏。清代中期开始，核雕物品就不光作为坠物装饰和点缀了，许多橄榄核和胡桃核雕刻工艺品专门供文人雅士或富家子弟在手里摩挲把玩。

## 核舟记

［明］魏学洢

明有奇巧人曰王叔远，能以径寸之木，为宫室、器皿、人物，以至鸟兽、木石，罔不因势象形，各具情态。尝贻余核舟一，盖大苏泛赤壁云。

舟首尾长约八分有奇，高可二黍许。中轩敞者为舱，箬篷（一作：篛篷）覆之。旁开小窗，左右各四，共八扇。启窗而观，雕栏相望焉。闭之，则右刻“山高月小，水落石出”，左刻“清风徐来，水波不兴”，石青糁之。船头坐三人，中峨冠而多髯者为东坡，佛印居右，鲁直居左。苏、黄共阅一手卷。东坡右手执卷端，左手抚鲁直背。鲁直左手执卷末，右手指卷，如有所语。东坡现右足，鲁直现左足，各微侧，其两膝相比者，各隐卷底衣褶中。佛印绝类弥勒，袒胸露乳，矫首昂视，神情与苏、黄不属。卧右膝，诎右臂支船，而竖其左膝，左臂挂念珠倚之——珠可历历数也。

舟尾横卧一楫。楫左右舟子各一人。居右者椎髻仰面，左手倚一衡木，右手攀右趾，若啸呼状。居左者右手执蒲葵扇，左手抚炉，炉上有壶，其人视端容寂，若听茶声然。

其船背稍夷，则题名其上，文曰“天启壬戌秋日，虞山王毅叔远甫刻”，细若蚊足，钩画了了，其色墨。又用篆章一，文曰“初平山人”，其色丹。

通计一舟，为人五；为窗八；为箬篷，为楫，为炉，为壶，为手卷，为念珠各一；对联、题名并篆文，为字共三十有四。而计其长曾不盈寸。盖简桃核修狭者为之。嘻，技亦灵怪矣哉！

在全文中，我们首先感受到的是核舟的艺术之美。核舟的创作本“因势象形”，见核舟雕刻的自然之美；核舟上雕刻的人、物、字，一应俱全，显现出核舟的精致玲珑之美；核舟上人物形象栩栩如生，核舟上的文字充满诗情画意，见古典艺术之美。核舟的美，又是因为雕刻者有精湛的技艺、不凡的见识、深厚的文化底蕴。

2. 核雕工具

欲善其事，必利其器。核雕也不例外，无论是大师还是初学者，都要有一套好的工具才行。

（1）刀具

核雕刀主要有三类：

① 平刀。形状像单刃的篆刻刀，按刃宽分很多规格，可做大形，也可雕细部。一些高手就用大平刀开眼。

② 半圆刀。就是在半圆的钢条上磨出斜刃。同样有很多规格，用途广泛。一件核雕作品上的起伏、转折处，多用半圆刀。

③ 角刀。形状像个倒三角，多用于细部雕刻，象眼、牙齿等。一个好艺人可能有二三十把刀放在手边，随取随用，运刀如指。看其雕刻过程就是一种享受。

④ 修光刀。形状像斜刀，但是没有斜刀那么锋利的刀尖， 只是用来刮削表面光滑用的。

⑤ 掏肉刀。形状很像一段铁丝，或者钢丝，但其实是用来挖核里面的仁的，因为仁如果不掏出会生虫，不利于保存核雕。

⑥ 特小刀。形状和以上几种类似，只是刀头直径更微型，甚至达到零点几毫米，适合雕刻米粒大小的景物。

⑦ 刻刀把。常见的有双头索，也叫拿子、金属刀把等，原本为钟表修理工具，因为小巧玲珑方便使用后为核雕界人士采用。2013 年，在以往工具的基础上研发了一种新款刻刀把，结合了传统木把与现代金属刀把的双重优点，既有木把的华丽大方，手感好，上档次，又满足了使用方便、好携带的需求。

（2）电动辅助工具：吊磨（用于镂空、钻眼）、牙雕机（用于打磨）。

（3）其他：1.5 米高工作台、翘刀床钢锉砂纸、卡尺等。

3. 核雕工艺

薄意，浅浮雕，高浮雕，圆雕，镂空雕，镶嵌。

4. 传承故事和传承人物

广州榄雕国家级非遗代表性传承人——曾昭鸿、曾宪鹏。

这是广州榄雕大师曾昭鸿制作的榄雕作品——《镂空吊链子母宫灯》，这个作品 2019 年在华师大石牌校区的图书馆一楼展出。雕虫小技不简单，一雕一刻见匠心。真是佩服大师的手艺啊！雕刻得这么精致！

他生于 1955 年，至今已投身于榄雕创作行业 40 余年，是榄雕的国家级代表性传承人。要把一粒普通的榄核雕刻成精致的工艺品，不但要耗费大量的时间和精力，更要有扎实的基本功底。曾昭鸿 17 岁时开始学习榄雕，师从当时广州最著名的榄雕艺人欧宇仁，他对榄雕一直情有独钟，下班一回家就拿起雕刻刀钻研榄雕。做这行的人都知道，增城、番禺、中山等地都有大量乌榄出产，特别是当时增城有三棵树所产的榄核是最理想的创作材料。那时家里经济拮据，曾昭鸿的兜里有时只剩 10 元钱，他宁愿坐几块钱的班车跑到增城去，搜集上好的榄核。

作为土生土长的广州人，曾昭鸿对广州榄雕有着难以割舍的感情，几十年来他不断钻研，刻坏了数不胜数的榄核，技艺也越来越高超。他的作品在传统基础上不断推陈出新，上门前来观摩和收购的人逐渐多了起来。

榄雕虽然可以给自己带来一些收入，但曾昭鸿更关心的是榄雕的技艺创新。他最让人熟知的一个作品就是《中华世纪龙》，这是他充分运用镶嵌技术进行创作的代表。

这艘龙船画舫虽然仅巴掌大，但足有六层高，是曾昭鸿耗费四年时间，用 200 颗榄核镶嵌而成的，这是他至今最喜欢的作品。

多次有人想以高价买下这个令人称绝的艺术品，但曾昭鸿都委婉拒绝了，他希望自己留着，将其带到各地展览，宣传榄雕的魅力。

在曾昭鸿的影响下，儿子曾宪鹏从小便喜欢榄雕，早期他只是在空闲时帮父亲做些简易的雕刻活，后来随着懂得这门传统工艺的人越来越少，榄雕技艺濒临失传，曾宪鹏决定接着父亲的路走下去。

正式入门前，曾昭鸿就开始有意识地培养儿子的“平静心态”，他并没有让曾宪鹏学什么雕刻技艺，而是让其“静坐一旁观摩”，经常一坐就是一整天，为的是锻炼他的耐性。

曾宪鹏在父亲的指导下学习了五六年，现在他已完全独立创作，不少作品还获得了重量级的奖项，这令曾昭鸿感到非常欣慰。

如今，父子俩除了从事榄雕设计和创作外，还大力推广、宣传榄雕，致力于传承广州榄雕工艺，参加文化部门组织的展出，每周在工作室定期给学员教学，开发榄雕周边产品，希望以此能把这份手艺保留下去。

## 创新 实践活动异想天开

【技法实操】

第一步，选核，在雕刻之前，一定要根据雕刻题材选择一个合适的原料。

第二步，画图，选择好橄榄核原料以后，把原料简单地修理一遍，然后在核上面画出简单的草图。

第三步，雕刻，先把画好的橄榄核图案用刻刀勾画一遍，然后再一层一层地进行深雕刻，最后修理细节。

第四步，打磨抛光。刻刀雕刻想留刀痕的话，可以忽略这个步骤，而牙机我建议还是打磨抛光。

经过以上的几个步骤，一件核雕作品就诞生了。

## 结语 传承非遗五育并举

【明理导行】

中华文化博大精深，是中华民族的财富，吸收和继承中华优秀传统文化，是我们这一代应有的责任。让我们好好学习中华优秀传统文化，让中华文化传承下去。

附：小品欣赏

### 榄雕小剧本

相传岭南一位江湖大侠为人仗义，有一次从强盗手中救下了一个女子，用乌榄，刚好是卖乌榄的女子，后来女子和她的父亲为了感谢这位大侠，送了他一个榄雕。

地点：岭南一处山林中

人物：采乌榄的父女两人，强盗三人，侠士一位

道具：箩筐两个，刀三把，竹笛一把

用时：约 5 分钟。

父亲：（抖了抖背上的箩筐，笑容满面）今年的乌榄收成真好啊。

女儿：可不是嘛，（拿出几个乌榄在手掌中端详）这批乌榄个大厚实，黑紫发亮，准能卖个好价钱。（警惕）什么声音？！

强盗们：（突然从草丛中跳了出来，齐声道）此山是我开，此树是我栽。要想从此过，留下买路财！

父亲：（挡在女儿前面）你们，你们，要干什么！

强盗甲：那还用说，快把身上值钱的东西交出来！

强盗乙：（色眯眯打量着姑娘）我看这小妞长得不错，跟爷回去当个压寨夫人可好？

强盗丙：大哥所言极是！

强盗们：哈哈哈哈哈！（一步步缩小对父女俩的包围圈）

父女：来人啊，救命啊……

侠士：（闪身出现）哪里来的恶贼？看招！

强盗：（招架不住）快跑！

父女：（跪下磕头）多谢大侠救命之恩！

父亲：不知大侠尊姓大名，日后我等好登门感谢啊。

侠士：两位快快请起。在下不过是路见不平拔刀相助，老人家何须如此客气。

父亲：既是如此，那请大侠收下这个小玩意，就当是我们父女俩的一片心意。（从口袋中掏出一个榄雕，用衣角抹了抹，双手递给了侠士）

侠士：这是？

女儿：此乃我祖上流传下来的榄雕《清风徐来》。

侠士：（沉吟片刻）清风徐来，水波不兴，举酒属客，诵明月之诗，歌窈窕之章。这小船雕刻得惟妙惟肖，船上的两扇窗户还可以打开，看到里面饮酒赏月的人儿，真乃精巧绝伦也。既然老人家盛情难却，我便恭敬不如从命了。（将榄雕往袖口中一放，轻身一跃，便消失得无影无踪了）

父亲：高人啊……

旁白：数百年后，榄雕作品《清风徐来》被收藏在博物馆供市民观赏和研究。殊不知在那艘小船的背后，竟隐藏着这样一个传奇故事。

# 砖雕之美——立体的画，无声的诗

伍 凯

砖雕是中国传统建筑特有的一种装饰工艺，是雕刻与绘画结合的产物，砖雕又称砖刻，俗称“花活”，是以砖作为雕刻对象的一种雕饰，它是模仿石雕而来，但比石雕更经济省工，因而在宫殿、庙宇、祠堂、民居中广泛采用。

## 发现 挖掘生活中的非遗

广州陈家祠砖雕，青砖上雕刻的人物、山水、花卉美轮美奂，最引人注目的是陈氏书院正面外墙上的六幅大型砖雕，以浮雕为主，局部采用了透雕、圆雕、镂空雕等其他技法，分别取材于中国传统文化和文学作品，内容丰富，形象逼真，线条精细。根据专家考证，这几幅精美砖雕均采用质地细腻的东莞青砖精雕细刻拼接而成，是同期建筑中少有的大型砖雕。这六幅带边框砖雕作品分列在大门左右两侧，左边依次是《松鹊图》《梁山聚义图》《梧桐柳杏凤凰群图》，右边为《佰鸟图》《刘庆伏狼驹图》《五伦全图》。

广州陈家祠砖雕

《吐艳和鸣壁》于2002年7月荣获“大世界吉尼斯之最”，为佛山顺德宝墨园镇园之宝。它是用3万多块青砖雕刻而成的巨型影壁，全长22.38米，高5.83米，厚1.08米，前后两面总面积260.96平方米，共雕了600多只鸟，花卉树木各50多个品种。雕刻作者何世良率领十多个人花了三年多时间才完成这一杰作。

《吐艳和鸣壁》全面展示了广府砖雕中的圆雕、透雕、浮雕以及难度极高的挂丝砖雕等工艺技法，层次多，立体感强。近观玲珑剔透，远观气势恢宏。全图以中国传说四灵之一的凤凰为中心，丹凤展翅起舞而突出于壁面40多厘米，左右百鸟都朝向凤凰，取百鸟朝凤之意，寓意全国各族人民团结一致赞颂祖国的繁荣昌盛。

《吐艳和鸣壁》

随着魏晋南北朝佛教建筑的兴盛，砖雕大量运用于砖塔的墙面装饰。题材包括青龙、白虎、朱雀、玄武四神，麒麟、龙、凤、龟四灵及羽人等神话传说。

《修定寺塔》

杭州六和塔中的须弥座有 200 多处砖雕，砖雕的题材丰富，造型生动，有争奇斗艳的石榴、荷花、宝相，展翅飞翔的凤凰、孔雀、鹦鹉，奔腾跳跃的狮子、麒麟，还有昂首起舞的飞仙等。

杭州六和塔中的须弥座

【砖雕的历史】

砖雕的起源可追溯至东周的瓦当和空心砖，汉代发展为画像砖。北宋时形成砖雕，成为墓室壁面的装饰品。明代砖雕由墓室装饰发展为建筑装饰，雕刻的内容更加丰富，技艺也有所提高。清代是砖雕艺术的巅峰时期。紫禁城墙面夹柱的通气孔也都使用砖雕，镂雕花鸟图案，牢固而美观，且利于空气流通。

【砖雕的流派】

北京砖雕、天津砖雕、山西砖雕、徽州砖雕、苏派砖雕、广东砖雕、临夏砖雕等。

【砖雕的手法】

平雕、浮雕、透雕。

【砖雕的题材】

运用象征、隐喻等艺术手法，惩恶扬善题材，“寓教于美”，富教育意义。

借牡丹象征富贵，以蝙蝠谐音“富”、鹿谐音“禄”、鸡谐音“吉”等，表达对美好生活的向往。

龙：是中华民族的图腾，在宫殿建筑上龙作为帝王的象征，而民间则作为神圣和喜庆的象征，被广泛地使用在寺庙、祠堂等建筑上。（屋脊、牌楼）

狮子：性格凶猛，俗称兽中之王，早就是佛教的护法兽了，有喜庆和威武的含义。（寺庙门前、墀头）

龟：寿命长，有着益寿延年的含义，其形稳定，多用于石碑底座。

鱼：具有“多”的含义，繁殖能力强，象征多子多孙、年年有余。（隐、避等墙芯雕刻）

鹿与仙鹤：鹿性情温顺，谐音同“禄”，鹤形象优雅，寓意福寿绵长。

梅：腊月寒冬，百花凋零，梅花独放，不与群芳争艳，寓意刚毅品行。

竹：中空有节，宁折不弯，寓意谦逊有节。

松：四季常青，树身刚健，永远屹立于风雪之中，寓意身体康健。

《吐艳和鸣壁》

《吐艳和鸣壁》于 2002 年 7 月荣获大世界吉尼斯之最，为佛山顺德宝墨园镇园之宝。它是用 3 万多块青砖雕刻而成的巨型影壁，全长 22.38 米，高 5.83 米，厚 1.08 米，前后两面总面积 260.96 平方米，共雕了 600 多只鸟，花卉树木各 50 多个品种。雕刻作者何世良率领十多个人花了 3 年多时间才完成这一杰作。

【砖雕的审美与实用价值】

“无雕不成屋，有刻斯为贵”。雕刻，是一种中国民间艺术工艺，工匠们在木石砖瓦上雕以图案、花纹，雕刻方法复杂多样，风格古典而清雅，凡有古建筑处，都能看到砖雕的身影，为中国建筑增添了一道独特的风景线。

砖雕较木雕、石雕而言，成本较低，原料易取得，工艺难度不大，比石膏结实、耐用，且具实用性和观赏性，在青砖上雕出山水、花卉、人物等图案，是古建筑雕刻中很重要的一种艺术形式。

## 创新 实践活动异想天开

【技法实操】

（1）砖雕制作步骤

制砖：在雕刻之前，首先用黏土打坯，经高温烧制成砖。

打样、画稿，调整基本布局及比例。

打坯：用凿子或刻刀粗略勾勒画面轮廓，分出基本层次。

出细：运用多种工具及铲、刻、挑等手法，刻画细节。

（2）掌握基本的刀法和雕刻技巧。

（3）体验制作第一个砖雕作品“我的姓氏”。

## 结语 传承非遗五育并举

【明理导行】

（1）欣赏民间建筑装饰艺术和课本提供的雕塑作品，了解砖雕的实用功能与艺术功能，学习砖雕的基本技能；了解本地区有关砖雕的来历和艺术特点；培养热爱家乡民间艺术、爱护民间艺术的兴趣。

（2）能用口头、书面、作品等方式介绍砖雕艺术，结合生活实际，分享自己的想法和见解，提高表达能力。

（3）了解传统技艺知识及其起源，动手尝试砖雕的创作，感受砖雕独特的艺术之美，培养工匠精神。

**【知识课堂】**

欣赏和对比不同时代的砖雕作品：

春秋战国时期——方砖、条砖、空心砖。纹样简单，雕刻简陋，绳纹、回纹、米字纹等。

秦砖——材质的飞跃。秦砖以富含矿物质的骊山沉泥为原料，烧成后颜色青灰、质地坚硬、浑厚朴实，有利于图案的雕刻，为砖雕的发展打下了坚实的基础。

汉画像砖——砖雕趋于成熟的标志。其内容丰富，构图饱满，造型简练，富于变化，多表现封建贵族宴乐、车马出行等生活以及割禾、制盐、采莲等劳动生产和市井风俗。

汉画像砖

魏晋南北朝——砖塔，砖雕应用上的拓展。

**【传承故事和传人】**

了解广东砖雕非遗传承人：何世良是广东省和广州市非物质文化遗产代表性传承人，入选2016年首届“广东省传统建筑名匠”，致力于让岭南建筑技艺“活下去”，是传承和弘扬岭南建筑文化的灵魂人物，被授予“广州市劳动模范”荣誉。

何世良

**【结语】**

砖雕作为建筑的重要装饰艺术，由精湛的技艺、深厚的文化内涵与独特的艺术手法熔铸而成，充分表现了古代劳动人民的艺术才能。

# 剪纸艺术——剪撷童趣，非遗传承

杨妍淑

## 发现 挖掘生活中的非遗

折红旭，宁夏剪纸绘画艺术家、非物质文化遗产传承人。获得国外大奖百余次，作品被多个国家元首及社会人士收藏，书法剪纸《中国梦》《国色天香》等作品曾作为国礼赠送给联合国。为建党百年献礼，折红旭和她的团队耗时4个多月，创作了118幅精美的“百年辉煌”党史题材系列剪纸作品。

折红旭“建党百年华诞系列剪纸”作品之一

韩月琴剪纸作品《喜迎十九大》

韩月琴，国家级非物质文化遗产项目庄河剪纸代表性传承人，中国民间文艺最高奖“山花奖”和大连市最高文艺奖“金苹果奖”获得者。其作品《喜迎十九大》以象征团圆的团花构图。一支万年青和十朵向日葵托起国徽、国旗、天安门。祥云、群鸽、彩球在四周环绕，上方的“喜迎十九大”突出了主题。

某公司的礼盒包装体现了剪纸的元素

某餐厅设计的非遗主题中的剪纸装饰

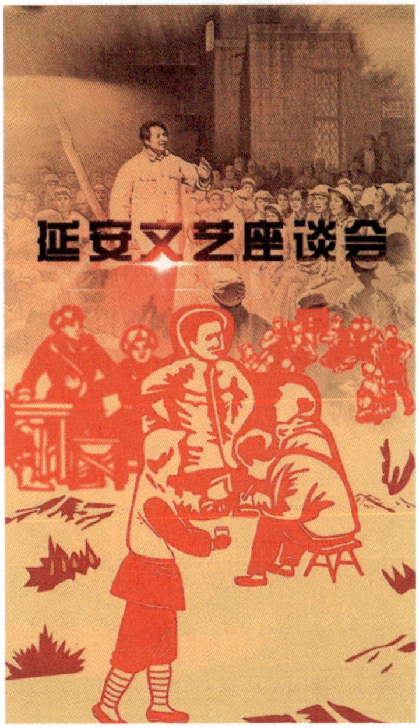


以剪纸艺术创作的广告

中国邮政 2018 年发行的剪纸艺术邮票

**寻根 扫码观看前世今生**

虽然纸张早在2200年前的西汉时期就已经出现，经过东汉蔡伦的技术改进，形成后来举世闻名的“蔡侯纸”。但剪纸这门特殊的技艺，早在3000多年前就已经存在。那个时候的剪纸，大多使用的是皮革、金箔或者树叶，雕刻出各式各样镂空的图案，用以装饰。

最早的剪纸可以追溯到西周王朝初期。周武王姬发的儿子周成王因年幼即位，由他的叔叔周公充当辅佐大臣。有一天，成王和弟弟叔虞玩游戏，他把一片梧桐叶剪成玉圭的形状交给叔虞，说：“我就用这个来封你为侯吧！”周公得知后，让成王封叔虞为诸侯，成王说：“我只是和弟弟开玩笑呢！”周公却说：“天子无戏言，天子说出的话，史官要如实记载它，乐工要唱诵它，士大夫要传扬它。”于是，成王把唐地封给了叔虞。周成王用梧桐叶剪成“圭”赐其弟，就是运用薄片材料，通过镂空雕刻的技法制成工艺品，当时称之为“剪彩”。这就是《史记》中记载的“剪桐封弟”的故事。

据我国考古出土文物的记载，在1500年前，民间已有剪纸艺术的雏形。

在新疆吐鲁番阿斯塔那地区的古墓中出土的对马、对鹿剪纸作品，构图精美，技艺娴熟，是剪纸领域极具参考价值的文物之一。隋唐最早出现“剪纸”一词。宋代造纸业逐渐成熟，为剪纸的普及提供了条件。其中，余敬之是有史料记载的第一位剪纸艺人。明清时期剪纸手工艺术达到鼎盛。

随着现代社会的不断进步，剪纸已成为人们喜闻乐见的一种艺术手段。其创作已不再局限于窗花、喜字等传统民俗，而是与现代艺术相结合，诸如服装设计、生活用品、商品包装设计、室内装潢设计等都能囊括剪纸元素。剪纸逐渐变得和老百姓的生活密切相关。

## 问道 拓展阅读学艺知技

古人在中国剪纸艺术历史长河中，留下了一个又一个宝贵的文化符号。但因为剪纸作品不易保存，流传下来的少之又少，万幸的是，这项非遗传承没有断根，而是被一个又一个非遗传承人继承下来，让我们有机会欣赏到这些构图精美，充满生活气息的剪纸作品。

左图中的这只雄赳赳气昂昂的威武“大公鸡”的创作者是陕西民间艺术大师曹佃祥。曹奶奶小名叫“小福香”，1921 年 8 月出生于陕北农村，8 岁的时候，小福香跟着大人逃难，颠沛流离的生活并没有让她放弃对剪纸的热爱，她从小就学会了剪纸，神奇的剪纸为她的生活打开了另一片多姿多彩的天地。到她 16 岁的时候，她的剪纸作品已经家喻户晓。1982 年，《大公鸡》被选送参加巴黎独立沙龙美展。1987 年，曹奶奶在重病期间依然坚持创作了《扳旱船》《十二生肖》《说书人》等十多部作品，其中《十二生肖》荣获1988年5月文化部举办的全国农民书画大赛三等奖。1988年4月，曹奶奶因为骨膜瘤发作，与世长辞，享年67岁。1996年，陕西省文化厅追授其为“陕西民间艺术大师”。

## 创新 实践活动异想天开

剪纸是民间艺术的一种。是以纸为加工对象，以剪刀或刻刀为工具进行创作的艺术。

**剪纸的表现形式**

（1）线线相连与线线相断

“千刻不落，万剪不断”是剪纸艺术的一个重要特点。

（2）构图造型图案化

在造型上的夸张变形，作对称、均齐、平衡、组合、连续等处理。常见的有“层层垒高”或并用“隔物换景”的形式。

（3）形象夸张、简洁、优美，富有节奏感

形体要突出，形成朴实、大方的优美感，物象姿态要夸张，动作要大，姿势要优美，就像舞台上的亮相动作一样，富有节奏感。

（4）色彩单纯、明快

剪纸的色彩要求在简中求繁，少作同类色、类似色、邻近色的配置。要求在对比色中求协调，同时还要注意用色的比例。

（5）刀法要“稳、准、巧”

民间剪纸的许多特点和风格都是由于刀法上的一定技巧而产生的，当同时刻制数量比较多的剪纸时，在刀法的运用上，要切不要划，切出来的剪纸比划出来的剪纸要显得厚实。用刀时必须要像手拿钢锯一样，上下来回切动，用力要刚劲、均匀。在剪纸时，下刀和起刀必须做到准，否则，线条就容易被刀刻断或者刻不断而把剪纸撕坏。

“巧”主要是指运用巧刀刻出的“锯齿”和“月牙儿”。这是剪纸刀法中很重要的两种刀法。这两种刀法运用得恰当，就能形成剪纸艺术独具的“刀味纸感”。

**剪纸艺术体验**

华师附小的黄洁老师带着二（3）中队的孩子们，开展了一场别开生面的剪纸艺术体验活动。

随着人群走近二（3）班的教室，我们看到门口墙上挂着的“剪纸艺术”木雕牌匾，窗户上贴上了各种各样形态各异的窗花，仔细一瞧，可以看出刀法的稚嫩和笨拙，但依然把窗花的主要形态勾勒了出来。在红彤彤的窗花中，偶尔还能看到一两张粉色的、黄色的窗花，煞是可爱。在窗户外侧，靠近走廊那边的瓷砖上，装饰着孩子们的剪纸初体验作品：粉红、粉黄、粉蓝，整齐地排成一行，像士兵一般，等待着参观者的检阅。

走到教室里面，蓝色的桌椅被整齐摆放在课室的四周，空出了中间的区域以便大家活动，正前方的黑板上书“剪纸艺术 二（3）中队”几个艺术字。后墙边的柜子上，则摆上了用相框装裱好的剪纸作品。

来参加体验活动的家长和孩子在“剪纸艺术”木雕牌前留念

学生剪纸作品展示

最热闹的当属体验区了。孩子们摆好桌椅，桌上摆上彩色纸张、剪刀、铅笔、橡皮擦等必备工具，还不忘写上广告词：“剪纸，剪了能带走，快来剪啊！”真是奇思妙想，童趣十足！高年级的哥哥姐姐来了，隔壁班的同学拽着爸爸妈妈来了。一年级的小朋友还不大会用剪刀，五大三粗的爸爸弯下腰，握着孩子的手，小心翼翼地剪出了形状。三年级的哥哥决定自己来，妈妈也乐得在一边做技术顾问。

两米高的剪纸展板亮出来，门口的小小迎宾员站出来。从前期对剪纸艺术的深入学习，到自我体验剪出作品，并独立制作展板，再到活动当天布置场地，设计布置体验区，在讲解区宣传剪纸艺术，在体验区示范剪纸的基础刀法，孩子们都做得有模有样，从一开始的生涩害羞，到后面的大方自信，孩子们在活动中得到了成长，传承了非遗，宣传了剪纸艺术。这真是一场生动、有趣、充实而又意义非凡的非遗活动啊！

热情洋溢，拜师学艺

认真创作的小伙伴们

亲子齐开剪

## 结语 传承非遗五育并举

剪纸艺术历史源远流长，在我国的民俗文化中有着不可替代的作用。在民间各种民俗活动中和日常生活中都能看到剪纸的身影。剪纸艺术的形式和种类多种多样，使用范围广，生活中处处可以看到剪纸艺术的呈现。就如《葫芦兄弟》把剪纸技艺用在了动画片中，类似的剪纸片作品还有《猪八戒吃西瓜》《老鼠嫁女》《猴子捞月》等经典影片。这样，剪纸艺术和我们熟悉的故事结合起来，产生了奇妙的效果，小朋友们看得津津有味，也了解了中国剪纸艺术。

作为中国人，作为中华儿女，需要传承剪纸艺术等非物质文化遗产，不能让这上千年的艺术瑰宝遗失在历史长河之中。

中国有上下五千年文明史，是四大文明古国之一，也是仅存的一个没有断绝历史文化的文明古国，我们在为此自豪的同时，也要为了中华文明的延续而贡献自己的力量。外出旅游时，看到历史遗迹，我们要主动保护爱护，不能随意破坏；学习到的非遗文化知识，我们要认真记忆，努力践行，为传承中国优秀传统文化而贡献自己的一份力量。这节课只能让同学们窥见剪纸艺术的冰山一角，而且除了剪纸艺术，还有许许多多其他宝贵的非物质文化遗产需要我们去了解、学习和传承。

# 面塑艺术——指尖上的传承

叶国辉

## 发现　挖掘生活中的非遗

在西安南郊的面塑店，有一位“面人张”——33 岁的张倍源。作为莲湖区非物质文化遗产面塑技艺传承人，他曾被邀请参加中央电视台的一场挑战赛，要求在 1 分钟内，用面捏一个人物头像。开店两年，他捏过的面人超过 1000 件，最大的 1.5 米高，用了 38 斤面；最小的，则如一颗绿豆。他曾前往日本学习动漫，希望把中国的传统文化，用现代技法表现出来。

张倍源与自己的面人

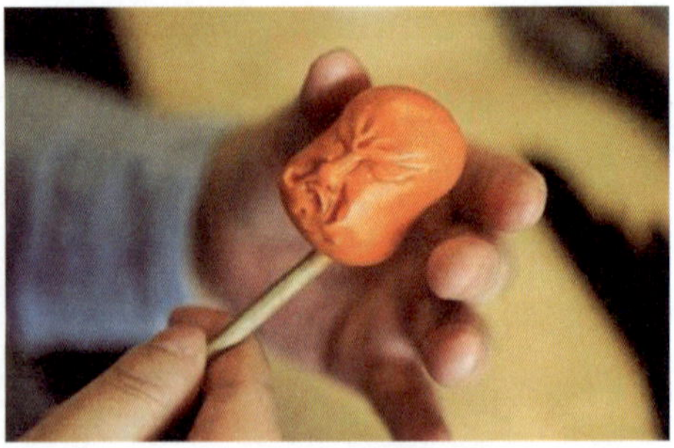

张倍源捏的面人

## 寻根　扫码观看前世今生

面塑，俗称面花、礼馍、花糕、捏面人，是源于山东、山西、北京的中国民间传统艺术之一，据史料，早在汉代时就已对面塑有了文字记录。

## 问道　拓展阅读学艺知技

面塑以面粉为主料，调成不同色彩，用手和针、梳、刀、剪等工具，捏、揉、掀、剪、修、缀，塑造出各种形象，有供食用的，也有专用于收藏的。它具有颜色丰富、造型完整饱满和体积较小、便于携带的特点，手法简练、注重神气，淳朴敦厚、色彩艳丽，让人觉得亲切自然，2008 年 6 月，面人和面花被列入第二批国家级非物质文化遗产名录。

面塑艺术作为我国非遗项目中不可或缺的一项，有着丰富的价值，如民俗价值、审美价值、教育价值、经济价值等。

**1. 人文价值**

面塑其实是一种民俗文化符号，是原汁原味的乡土艺术。人们在各种节日或不同场景以面塑作为主要精神寄托对象，以下为例：

春节：莲花和鱼代表“连年有余”

**2. 美术价值**

面塑艺术，注重场景气氛的营造，每个人物的神情姿态个性分明，但却紧密围绕着情节，烘托主题。对文官、武官、女性、儿童、动物等都有鲜明的制造手法，以下为例：

儿童面塑虎头虎脑、憨态可掬

**3. 经济价值**

面塑一直是一种谋生的行当，但它又属于传统的手工艺，是具有地方特色的文化产物，其价值有独特的地方。随着旅游业的发展，面塑更能显示其文化魅力。

旅游景区以面塑展示当地文化

**4. 教育价值**

面塑绝不仅是个玩赏品，它还具有很强的社会教育功能。面塑艺术以其形象传达着一个个动人的故事。以下为例：

西游记

## 创新 实践活动异想天开

我们已经了解了面塑艺术的制作方法、来源以及它的艺术价值，大家想尝试自己动手制作面塑吗？请大家按照步骤来一步一步实现吧。

准备材料：精面粉 1500 克、糯米粉 1000 克、精盐 200 克、防腐剂 100 克、香油 250 克。

（1）将面粉、糯米粉、精盐、防腐剂放在盆中和匀，再徐徐倒入开水并用筷子搅拌，然后将面团反复揉搓，直至达到“三光”效果：面光、手光、盆光。

（2）用手将面团捏成各种人物形象，上笼蒸约 45 分钟。

（3）取出来后，迅速将人物形象面团与香油揉均匀，再放入塑料袋中，用毛巾裹好。

（4）放置 24 小时至面团上劲后，即可进行调色。

（5）温馨提示：温度较高时需要适当调整面粉的比例，可将面粉增加到 1700 克左右，同时，防腐剂和香油的比例也应适当加大。

## 结语 传承非遗五育并举

古人非常有想象力，因为面塑本来是拿来吃的，但是古人想到把它做成形态各异的艺术品，让它有了欣赏的价值。

可以说一说你在制作过程中遇到什么问题，你是怎么解决的。

例子：这次的制作课锻炼了我的动手能力。比如刚才在给孙悟空贴眉毛的时候，由于眉毛太细了，我用手怎么都贴不好，但是我使用了科学课中的镊子，于是轻松地解决了。我感觉制作面塑让我更加细心。

面塑艺术作为古人的智慧结晶，凝聚了古人高超的技艺，我们在赞叹的同时，还需要好好地去学习和传承。

# 粤剧——“南国红豆”

陈 容

## 发现 挖掘生活中的非遗

粤剧是广东地区特有的剧种，由于产生于广东，用粤语演唱，所以称为“粤剧”，是岭南地区的瑰宝，被誉为“南国红豆”。

**粤剧《八和会馆》**

粤剧《八和会馆》根据粤剧史上一段真实的故事创作而成。该剧描写了清朝同治年间，清政府对广东本地戏班禁戏“亡行”之后，以新华为首的年轻粤剧子弟于艰难困苦的绝境中，坚强不屈，矢志不渝，更兼学习领悟当时广东改革创新的思想，终使得官府解除禁戏。粤剧由复兴走向繁荣，而新华等更团结起广大粤剧艺人，以创新精神建立起保障艺人权利，组织粤剧生产，和衷共济、共存共荣的“八和会馆”，使得粤剧发展进入到崭新的阶段。从中我们不难看出，粤剧的粤味浓郁，舞台的灯光、场景、道具都是围绕岭南特色来展示的。

## 寻根 扫码观看前世今生

粤剧源自南戏，是广东及广西粤方言区最大的剧种，是以明清时期流入广东的海盐腔、戈阳腔、昆山腔、梆子腔等诸腔为基础，并吸收珠江三角洲的民间音乐所形成的。

## 问道 拓展阅读学艺知技

**【非遗大学堂】**

**1. 粤剧简介**

粤剧，又称“广东大戏”或者“大戏”，是广东传统戏曲之一，流行于岭南地区等粤人聚居地。自明朝嘉靖年间开始在广东、广西出现，是糅合唱念做打、乐师配乐、戏台服饰、抽象形体的表演艺术。粤剧很受群众欢迎，不但深受广东人喜爱，而且深受云、桂人民和港澳同胞以及海外华人的喜爱，是中国最先走向世界的剧种。如今，粤剧剧目已多达11 000多个，堪称世界之最。它结合广东本地民间曲调，吸取弋阳腔、昆山腔、秦腔、徽班等地方戏曲的优点，逐渐发展形成，流行于广东、广西、香港和澳门等地。

### 2. 粤剧的历史

粤剧形成于南宋。南宋末期，南戏传入广东，成为最早的粤剧。从粤剧发展渊源来说粤剧已有七百多年的历史了。在明朝成化年间，广东本地诞生了酬神土戏。

到了明朝中叶，酬神土戏先后受到“外江班”弋阳腔、昆腔、梆黄等戏剧形态与唱腔的影响，尤其直接受到邻近的湖南、广西戏班的影响，采用“戏棚官话”（接近桂林方言），演唱梆黄腔调。清中叶后，逐渐加入广州方言和本地音乐成分，就成为以粤语演唱的粤剧 。

清朝雍正五年（1727年），北京名伶张五，人称摊手五，因躲避政府的追捕，化装易服逃亡来粤，寄居于佛山以京剧昆曲教授红船子弟（粤伶以红船为交通工具，“红船子弟”便成为粤剧艺人的代称），建立“琼花会馆”——粤剧界最早的戏行组织。清朝中叶，粤剧传入雷南路地区，即高、雷、廉、琼等下四府，故又称“下四府”粤剧。清咸丰年间，粤剧传入广西。清咸丰四年（1854年），粤剧艺人李文茂率领梨园艺人响应太平天国起义。清政府残杀梨园艺人，火烧琼花会馆，禁演粤剧达15年之久。清光绪年间，粤剧的名称正式出现。

到了1912年前后，粤剧演出基本上改用广州方言。辛亥革命后，粤剧受文明戏、话剧的影响，1920年后又受西方现代电影艺术的影响，从而引进了时代歌曲和西方爵士音乐，除使用民族乐器演奏外，还使用了小提琴、电吉他、爵士鼓、小号等西乐。

1953年，广州粤剧团成立。1956年，周恩来给予粤剧“南国红豆”的称号。1958年，广州地区9个粤剧大班合并成立了广东粤剧院。1960年，广东粤剧学校及其湛江分校成立。改革开放以后，粤剧得到政府大力扶持，发展很快。2006年5月20日，粤剧被列入第一批国家级非物质文化遗产名录。2009 年，粤剧被联合国教科文组织列入人类非物质文化遗产代表作名录。

3. 粤剧的现状

如今粤剧广泛吸收广东音乐、广绣、牙雕、陶瓷、灰塑等地方艺术形式，充分体现了广府民系文化传统。粤剧又善于向其他剧种和时尚艺术学习，因而表现出高度的开放性，成为时尚潮流的剧种之一，深受世界华人的喜爱，辐射范围遍及全球各地。无论是其开放灵活的表演，还是丰富优美的唱腔、舞美，都显现出敢立戏剧潮头的先锋姿态。

长期以来，吸纳古今中外题材，兼收并蓄，大量的改编和创作，令粤剧的剧目数量庞大，内容丰富多彩。从目前收集到的 11 360 个剧目数量来看，粤剧是全世界最多剧目的剧种之一。

着重唱功的粤剧《黛玉葬花》

粤剧《帝女花》为戏曲大师唐涤生 20 世纪 50 年代末所撰，用词优雅感人，家喻户晓

被列入第一批国家级非物质文化遗产名录的粤剧《梁祝》

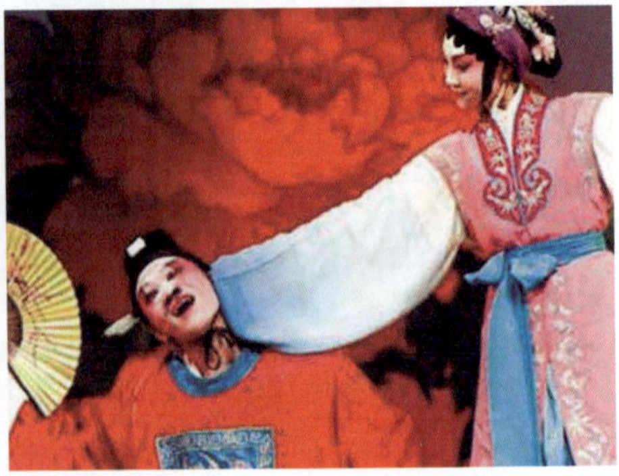

辛亥革命前，为了宣传推翻封建帝制的革命主张，革命党人对粤剧进行改良，新编了不少具有现实意义的粤剧

### 4. 传承故事

2018 年 10 月 24 日下午，习近平总书记走进粤剧艺术博物馆，同粤剧票友亲切交谈，希望他们把粤剧传承好发扬好。在广州这座国际化大都市中，粤剧始终生长在城市肌理中，成为广州一张生动鲜活的文化面孔。

粤剧艺术博物馆的戏台

为了留住这份独特的文化根脉，广州致力于对粤剧艺术的保护、传承和推广。近年来，广州先后出台编制《广州市进一步振兴粤剧事业总体工作方案》《广州市文化广电新闻出版事业发展第十三个五年规划（2016—2020 年）》，明确将戏曲惠民工作列为重点项目，大力扶持民间私伙局蓬勃发展，不断拓宽戏曲艺术传播渠道。通过开展戏曲进基层活动，推动粤剧艺术传承传播、惠民为民，让粤剧迎来“古韵新生”。

#### 博物馆背后的故事：打开传承新大门

2016 年，随着粤剧艺术博物馆的开门迎客，粤剧传承的新大门随之被打开。

粤剧艺术博物馆选址在昔日粤剧名伶聚集地荔湾区恩宁路，它的附近至今还保留着多位粤剧大师如马师曾、红线女的故居，不远处就是粤剧艺人的“祖屋”八和会馆。在这里，市民和游客仿佛走进了一个精心打造的粤剧体验空间，看得见、听得到、摸得着，让人能够真切地感受粤剧的魅力。开馆以来，博物馆共接待观众 42 万多人次，为各级单位团体、市民提供讲解导览 1500 余场次。截至 2021 年 6 月，粤剧艺术博物馆收藏的藏品总量为 5021 件套，粤剧史料、音像、实物、手稿应有尽有。

位于广州恩宁路的广州粤剧艺术博物馆

2018年10月底，广州的周末，天朗气清，晴空万里。广州“最美老街”恩宁路游人熙熙攘攘，一改平日的古朴宁静，变得分外热闹。坐落在恩宁路127号的粤剧艺术博物馆迎来了不少市民游客参观。就在几天前，习近平总书记来到粤剧艺术博物馆，关心粤剧艺术的传承和保护。“总书记希望把粤剧传承好发扬好。”接待总书记的粤剧艺术博物馆馆长马楠深感振奋，“我们不光要通过舞台艺术表演的形式，还要通过博物馆展出的方式讲好粤剧背后的故事，通过定期举办课程，传承保护粤剧。”

**私伙局扎根城市肌理，让粤剧生生不息**

在粤剧艺术博物馆、荔枝湾大戏台，甚至在街心公园里，处处皆是粤剧私伙局的表演场地。这些私伙局始终扎根城市肌理，让粤剧的生命力在广州这座繁华都市生生不息。

每周三、周六上午，在粤剧艺术博物馆的广福戏台，民间优秀的粤剧私伙局团队可以登台展演，不仅有本地的粤剧爱好者，还有中山、东莞、港澳地区的队伍，在戏台上演出的团队近100个。

目前，广州拥有1300支左右的粤剧私伙局，每年开展各类戏曲表演活动8万多场，其中荔湾、增城、番禺三个区队伍最多。以荔湾区为例，为了让私伙局的发展更有保证，荔湾区每年都会给予私伙局演出场地、器材、经费等扶持，每两年举办一届的优秀私伙局评选也大大提高了私伙局的艺术水平。

70多岁的杜铭扬目前身兼荔湾工会艺术团和荔枝湾艺术团的团长。他们已经扎根在荔枝湾大戏台整整8年，不时也会到粤剧艺术博物馆表演。他说："我们下午2点开演，街坊中午12点就来占座，还会帮我们开台，我们再累一点也值得。"

来这里听粤剧不仅仅有广州的街坊、国内的游客，还有美国西部市长代表团、《财富》论坛全球媒体团和配偶团、法国前总理拉法兰一行等都曾在这里领略粤剧艺术的魅力，这里成为粤剧走向世界的重要舞台。

**名家大师肩负重任，要让"新鲜血液"接力**

作为弘扬粤剧文化的主阵地，粤剧艺术博物馆开展了一系列陈列展览、舞台演出、文化交流、教育服务等活动，著名粤剧表演艺术家欧凯明和倪惠英都是这里的"常客"。

每年春节，粤剧春班作为广州粤剧院的重头戏之一，剧院都会以最鼎盛的阵容上阵。欧凯明坦言，从他加入粤剧团起到现在，他每年都随团奔赴广东各地演出，一去就是十天到半个月。"从1980年到现在，我都没真正在家过过一个完整的年。"他说。粤剧院每年演出300多场，大部分演出场次都在农村排练完成，还会进社区、学校表演，教授"粤韵操"，将粤剧的身段表演融入课间操当中，让青少年在锻炼的同时接受传统文化的熏陶。她希望，青少年从小就种下粤剧的种子，体验岭南戏曲的神韵。"粤韵操"创编出来后，不少学校积极响应，广大师生踊跃参与，普及"粤韵操"的活动如雨后春笋，迅速在中小学校园中蓬勃开展起来。一方水土一方艺，粤剧使广州少年更加爱国爱乡，从而增强文化自信和自豪感。

**5. 传承人物**

红线女

红线女，原名邝健廉，家住广州西关，常随母亲到戏院看戏，回来在家中仿效演唱。1943年她在肇庆演出，在内地第一次用“红线女”这个艺名。从此，她成为“师曾剧团的正印花旦”。她还到抗战大后方广西等地演出了许多马派剧目，如《苦凤莺怜》《斗气姑爷》《软皮蛇招郡马》等。根据自己的天赋和嗓音条件，在传统旦角的基础上，融入京腔、昆腔演唱艺术和西洋美声技法，创造了“红腔”，开创了中国粤剧史上花旦行当中影响最大的唱腔流派之一——红派艺术，为岭南粤剧艺术乃至中华文明树立了不朽的丰碑。1955年返广州，参加广东粤剧团，先后在广东粤剧团、广东粤剧院、广州粤剧团工作。20世纪五六十年代，红线女曾随团赴朝鲜、越南演出。20世纪80年代，面对粤剧舞台演出的不景气，为振兴粤剧，她重排旧剧，编演新戏。1988年国庆前夕，红线女率广州粤剧团到北京举行了“红线女专场”；1994年，红线女又在北京主演《白燕迎春》，成功地塑造了一个外科医生沈洁的艺术形象。2009年，红线女荣获首届“中国戏剧终身成就奖”，其代表剧目有《搜书院》《关汉卿》《昭君出塞》《李香君》《山乡风云》《昭君公主》《白燕迎春》《刁蛮公主戆驸马》等。

罗家宝的剧照

罗家宝，广东顺德人。罗家宝生于戏剧世家，从小受到了粤剧的熏陶，创造了独树一帜的“虾腔”。“虾腔”声色浑厚甜润，尤其是中低音区域音质厚实，共鸣强烈，行腔不事雕饰但极具堂皇华彩，高音区域虽然非其所长，但他能根据本身声线特点，发展出一套跌宕有致的唱腔。因其小名“亚虾”，“虾哥”“虾腔”之名由此而来。罗家宝的表演精湛洗练，儒雅温文，风流倜傥，他被誉为“小生王”，首本名剧《柳毅传书》历演不衰。2002年，罗家宝获得了广东省所授予的粤剧“突出成就奖”。罗家宝是粤剧“虾腔”艺术流派创始人，代表剧目有《柳毅传书》《袁崇焕》《梦断香销四十年》等。

## 创新 实践活动异想天开

【技法实操】

在粤剧舞台表演中，水袖是演员在舞台上表达人物感情时放大、延长的手法。它来自戏曲舞蹈，对于塑造人物鲜明的风格和形态，是不可或缺的。如果不经过正确的“用力方法”训练，到了舞台上水袖就像两条不听使唤的布条，收不回，出不去，毫无美感可言，更无法谈及表现力了。水袖运用的基本动作有：甩、掸、拨、勾、挑、抖、打、扬、撑、冲10种。水袖靠着这些基本功的相互搭靠，可以组合出表现丰富情感的多种手法来塑造各种人物形象，并且在舞台上有着很多功能。下面我们着重来了解水袖功能及练习运用。

（1）扇子的功能：用水袖在脸前扇来扇去。

（2）行礼：在躬身行礼的时候，一只手横着扯起另外一只水袖，表示很有礼貌并且很恭敬。

（3）哀痛、害羞：用一只手扯起另一只水袖遮着脸。

（4）拭泪：用水袖轻轻地虚拭。

（5）拂尘：用水袖轻轻地在衣服上掸拂。

（6）握手相拥：双方把水袖轻轻地扬起来，互相搭在一起。

（7）示意：演员在舞台上到了要演唱的时候，用水袖示意乐队。

## 结语 传承非遗五育并举

【明理导行】

粤剧作为岭南文化的一种象征，具有独特的地域性、民间性、历史性和艺术性，在长期的发展过程中经过融汇、吸纳、创新等不断地实践和演化，以其坚实的历史文化基础散发出独特的文化魅力，呈现出浓郁的粤味。

以粤剧《八和会馆》为例，其创作手法多样，灯光、舞美场景以及道具等环节，均围绕岭南特色来展示。舞台设计上结合了多媒体手段，根据剧情的发展变化，运用巨型投影屏幕，通过时空变幻的手法，营造实中有虚、虚中有实的艺术效果，具有强烈的艺术感染力，给观众带来厚重的历史感；全剧的主题音乐贯穿着刚毅气息的粤剧传统板式——士工首板（梆子首板），并选用了柔情似水的广东音乐《雨打芭蕉》其中一段作为副乐，刚中带柔的结合，对该剧的故事发展和矛盾冲突起到很好的烘托作用；而该剧的唱腔更是大量地运用了粤剧的传统梆黄和曲牌，彰显着浓厚的粤味。欣赏粤剧，我们可以得到美的熏陶。剧中八和会馆的创建，体现了广府人在历史大变革中开放包容、务实进取、敢为人先、团结奋进的精神风貌，这些都值得我们学习和倡导。

**【非遗传承小天使】**

### 我与粤剧

谢沁然　六年级

指导老师：陈容

“真似雾里仙降云霞，娇俏带头妙如雾里花……”清晨，阳台上又传来外公熟悉的唱戏声。我微微一笑，也跟着哼唱：“早经有梦，畅聚牡丹下，倾心共话……”这古色古香的丝丝粤韵，陪伴我走过了整个童年。

说到粤剧，还得从外公说起。外公似乎天生就具备了唱戏的好嗓子，从小便是粤剧团的主力。如今年过花甲，却热爱不减，不仅每天要练习，还常常去看。小时候，我总觉得粤曲声音又尖又细，不好听。外公知道了，笑着拍拍我的头道：“你还小，不懂得，粤曲可是咱岭南文化的精髓呀！”我不以为意，撇撇嘴显出不屑的神气。

真正与粤剧结缘，是在六岁那年，外公第一次带我去看粤剧。那天唱的是《帝女花》。凄美的洞箫声一响起，台下便鸦雀无声，所有人的目光都聚焦在舞台上。外公小声为我讲解：“你看，那花旦身穿粉红色衣服，还绣着金色的凤凰和五彩的云朵，暗示她非富即贵的身份。”我仔细看那位演长平公主的演员，一抬头，一举足，尽显富家小姐的神韵。而与之搭戏的小生，真假声转换配合巧妙，似乎是经过千锤百炼，字字透出刚健之气，却不显粗犷。不知不觉中，我竟也被这韵味清淳、妩媚婉转的唱腔吸引住了，直到结束，才依依不舍地离开。

一曲《帝女花》使我对粤剧有了截然不同的认识，随后我让外公带我看了《紫钗记》《双仙拜月亭》等多个完整剧目。我更加迷恋粤剧了，每当戏中女子情到深处，牵挂和忧伤便在拂袖间若即若离，而悲到切处，也在拂袖那一刹那凝固，那份情意，则在台上久久不息。我也曾天真地模仿那份神韵，却总学不像。外公见了，笑着说："要想学好这些，可没这么简单啊！"

的确，每一个动人的神韵，背后都是无数个日夜的千锤百炼；每一个角色的完美诠释，都是一份对传统文化的热爱。粤剧，是岭南文化的精髓，也是中国传统文化的一块瑰宝。任凭时代如何发展，作为岭南人，都不应该失去对粤剧的敬重，失去那颗热爱传统文化的心。

"放低帘前绿柳纱……"时而委婉缠绵，凄凄切切；时而激情高扬，意气风发。粤剧，是我生活中不可或缺的一部分。我想晒出那份粤韵，让粤剧永远绽放属于自己的光芒。

## 粤剧班的酸甜苦辣

王楚菡　六年级

指导老师：陈容

一年的粤剧班生活是多姿多彩的，像厨房里的一个个调味瓶，有各种不同的滋味：有酸，有甜，有苦，有辣……就听我慢慢诉说吧！

酸就是一种十分独特的味道，当自己没有像他人一样幸运，这种滋味就涌上心头。我就有过这样的经历：刚到粤剧班时，什么都不知道，只好模仿同学们。有一次训练，我模仿的同学做错动作了，我也不例外，跟着也错了。但是老师只发现我错了，课后把我叫了过去，狠狠地批评了我，我头埋得很低，鼻子一酸，流下了眼泪，心里默默地想着："为什么老师不去说她，而来说我呢？我真是不好运。告诉老师那个同学也错了吧！不！如果这样，老师会知道我模仿别人，不经思考乱来的，以后再也不能这样了，'笨鸟先飞'，我要比别人更努力。"

从此，我课上仔细听讲，课后努力练习，功夫不负有心人，我终于可以去演出了，所谓的甜也随之而来。

在一次次集体演出中，我尽量把表情和动作做得标准一些，在观众的掌声中，又心满意足地下来。就有一次，在万佳广场演出时，恰好外婆、叔叔和阿姨也有来看，演出后，他们都说我演得好，我心里甜滋滋的，比吃了一罐蜜还要甜许多。

当然除了快乐的事儿，也免不了不愉快的事，苦和辣就是其中的两种。

苦——因为快要参加“粤剧节”演出了，排练的时间也比平时多了半小时。什么压腿呀，甩袖呀，练声呀，都像一座座小山似的，压得我喘不过气来。有一回，在压腿的时候，我偶然发现了一个排练留下的伤疤，渐渐地越压越痛，我咬着牙，最终坚持下来了，回到家，还要背演出的词谱。一天下来，我已经累得苦不堪言了。

辣——老师教我们“走步”时，同学们要一个一个做给老师看，轮到我时，我心慌极了，希望可以“蒙”过去。我小心翼翼地走着，生怕走错了哪一步。结果，老师说我走步像挑扁担似的，根本不自然，同学们也捧腹大笑，羞得我满脸通红，辣辣的眼泪也情不自禁地流了出来，心里难受极了。

粤剧班的五味瓶在我心中连绵起浮，有酸有甜，有苦有辣，既长知识，又磨炼意志，这就是我短短一年粤剧班生活的乐趣。

同学们，为传承岭南文化，振兴粤剧事业，我们可以乘着现在粤语进校园的东风，平时多学粤语，多听粤剧，听粤剧也是学习语言的好机会，有兴趣的同学可以把学习粤剧当自己的兴趣爱好，为粤剧文化的保留和传承贡献力量，呵护好我们的“南国红豆”。

# 昆曲——百花园中的一朵“兰花”

顾 平

## 发现 挖掘生活中的非遗

拥有600多年历史的昆曲被誉为“百戏之祖”，入选了联合国教科文组织公布的首批人类口述和非物质遗产代表作名录，但也曾面临如何“活下去，传得开”的问题。

让昆曲走进学校，让青少年走近昆曲，促使艺术美育与学校德育有机融合。这就是华南师范大学附属小学非遗进校园的意义。

“良辰美景奈何天，赏心乐事谁家院……”优美的昆曲小调在我们的教室响起，孩子们在传统古戏雅韵中受到美的教育和熏陶。

## 寻根 扫码观看前世今生

昆曲，原名“昆山腔”或简称“昆腔”，是中国古老的戏曲声腔、剧种，现又被称为“昆剧”。昆曲是汉族传统戏曲中最古老的剧种之一，也是中国汉族传统文化艺术，特别是戏曲艺术中的珍品，被称为百花园中的一朵“兰花”。昆曲发源于14世纪中国的苏州昆山，后经魏良辅等人的改良而走向全国，自明代中叶以来独领中国剧坛近300年。

昆曲糅合了唱念做打、舞蹈及武术等，以曲词典雅、行腔婉转、表演细腻著称，是被誉为“百戏之祖”的南戏系统下的曲种。昆曲以鼓、板控制演唱节奏，以曲笛、三弦等为主要伴奏乐器，其唱念语音为“中州韵”。

昆曲在2001年被联合国教科文组织列为人类口述和非物质遗产代表作。2006年被列入第一批国家级非物质文化遗产名录。2018年12月，教育部办公厅公布北京大学为昆曲中华优秀传统文化传承基地。

## 问道 拓展阅读学艺知技

参阅《元人百种》，从元朝到清朝，关汉卿(代表作《感天动地窦娥冤》等）、王实甫（《西厢记》）、洪昇（《长生殿》）、汤显祖（文辞绝美、回味深远的《牡丹亭》等）、孔尚任(立意极高、文学性极强的《桃花扇》)、阮大铖、李渔等人的戏曲剧本作品，都具有相当高的文学、艺术价值，也一直长演不衰。在当代，昆曲又有了新的发展，《十五贯》《西园记》《少年游》等新编剧目也获得了一定的成就，当然它们的艺术水准不能与过去的剧目相比，所以昆曲最著名的作品，还是那些具有代表性的传统剧目。目前最著名的，已经著名了几百年的，应该就是《牡丹亭》《西厢记》《桃花扇》了。

中国昆曲博物馆坐落于昆曲的发祥地江苏省苏州市古城区平江路张家巷全晋会馆内。全晋会馆于2006年被公布为全国重点文物保护单位，馆内有苏州地区最精美的古戏台。2003年11月，它经文化部和江苏省人民政府立项批准正式挂牌对外免费开放。中国昆曲博物馆以抢救、保护、传承、弘扬古老的昆曲艺术为宗旨，以展演、陈列、收藏、研究、传承为主要工作内容，每星期有昆曲专场演出。

## 创新 实践活动异想天开

**1. 昆曲进班**

以班级非遗小剧场的活动形式带孩子们走近昆曲，了解昆曲，上台表演昆曲。

昆曲，发源于元朝末年的苏州昆山，所以昆曲又叫“昆山曲”。

昆曲，是集音乐、舞蹈、文学、历史、美学于一体的综合艺术。

音乐：昆曲不仅有其独特的唱腔，还会在表演中融合许多乐器演奏。

昆曲表演离不开乐器、舞蹈。在昆曲表演中，乐器的使用除了琵琶，还有竹笛和古琴。

昆曲表演装束

学生在“非遗小剧场”表演笛子独奏

在昆曲表演中，有许多不同的角色，最主要的是生、旦、净、末、丑。

生

旦

净

末

丑

生扮演的是弱冠以上、未及蓄须的男子。由于年龄大小、身份高低不同又分大、小官生。小官生在表演上要洒脱大方，大官生要更富于气派。

凡是戏中女性人物都属于旦，至今各剧种都一样。细分一下，昆剧有老、正、作、四、五、六、贴七门之说；其中以正旦、五旦、六旦、贴旦为主体。正旦一般扮演身份比较低微的已婚女子，在表演上侧重朴实大方。

净行分大面与白面，大面脸谱以红、黑二色为主。

末行又细分为老生、末、老外，专门扮演中年以上、蓄须带髯的角色。

丑是最有趣的人物，是以油头滑脑、滑稽见长的角色。丑可以细分为付丑和小丑。付丑俗称二花面，因其性格特征是阴阳怪气、刁钻古怪、冷冰冰地皮笑肉不笑，所以又称付丑为冷二面。小丑俗称小花面，所扮演的大都是较底层的人物。

总的来说，各个行当能以不同的唱腔、身段和服饰，将角色饰演得活灵活现，极大地增加了昆曲的技巧性和艺术性。

**2. “小花旦”表演《游园惊梦》片段**

汤显祖是中国明代著名的戏曲家、文学家。在戏曲创作方面，著有《牡丹亭》《邯郸记》《南柯记》《紫钗记》，合称“玉茗堂四梦”，其中以《牡丹亭》最著名。在戏曲史上和关汉卿、王实甫齐名，在中国乃至世界文学史上都有着重要的地位，被誉为“东方的莎士比亚”。

《牡丹亭》是汤显祖的代表作之一，是中国戏剧文学发展史上的一个重要的里程碑。

昆曲《牡丹亭》最有名的唱段是《游园惊梦》，唱词非常优美：

好景艳阳天。万紫千红尽开遍。湖山畔，湖山畔，云蒸霞焕。雕栏外，雕栏外，红翻翠骈。惹下蜂愁蝶恋，三生锦绣般非因梦幻。一阵香风，送到林园。

为了让学生真正走近昆曲，进一步了解昆曲，我们请了昆曲专业老师走进班级，组织孩子们排练了昆曲最有名的唱段《游园惊梦》。请“小花旦”们上场，孩子们从最基本的身段、步态、服装、头饰等方面了解昆曲，走进昆曲，效果绝佳！

化妆师开始给孩子们化妆：

化妆

妆成

登台表演

## 结语 传承非遗五育并举

“五育”是指德育、智育、体育、美育、劳动教育。坚持五育并举，全面发展素质教育，强化课堂主阵地作用，切实提高课堂教学质量，是新时代对义务教育的要求。拥有 600 多年历史的昆曲被誉为“百戏之祖”，入选了联合国教科文组织公布的首批人类口述和非物质遗产代表作名录。借附小“非遗进校园”的东风，孩子们了解了昆曲，看了昆曲著名唱段，还亲自穿上戏服表演了昆曲，在这一系列的活动中，孩子们受到了美的熏陶，感受到了传统艺术的魅力，增强了民族自豪感。

# 潮剧——“南国奇葩”

王 珂

## 发现 挖掘生活中的非遗

潮剧表演

## 寻根 扫码观看前世今生

**1. 潮剧是什么**

潮剧，又称潮州戏、潮音戏、潮州白字戏，是用潮汕话演唱的一个古老的汉族地方戏曲剧种，系中国十大剧种之一，有“南国奇葩”的美誉。潮剧历史悠久，也是中国最古老的地方剧种之一。潮剧是潮州文化的重要传承载体，同时也是联络世界各地潮州人之间情谊的重要纽带，因此，它是具有明显代表性的地方剧种。

**2. 潮剧的种类**

潮剧传统剧目可分为两大类：一类来自南戏传奇和杂剧，如《琵琶记》《荆钗记》《白兔记》《拜月记》《珍珠记》《蕉帕记》《渔家乐》等。另一类取材当地民间传说故事或实事编撰的地方剧目，如《辞郎洲》《荔镜记》《苏六娘》《金花女》《柴房会》《龙井渡头》等。

**3. 潮剧的传播地、历史渊源**

作为在丑生（角色）有突出表现的地方戏曲，潮剧已有400多年的历史，主要流行于广东潮汕、闽南等地，并随潮州人传播到港澳台、上海，以及海外的泰国、新加坡、马来西亚、印尼、柬埔寨、越南等东南亚与欧美地区，是中国对外最有影响的地方戏剧之一。

宋元时期，由南戏不断演化，开始出现潮剧。

清末民初，潮剧出现了一批改编话剧或电影、穿西装旗袍的剧目，称为文明戏或时装戏。

抗日战争时期，潮剧开始衰落。

现如今，在各种新型娱乐方式和市场经济冲击下，潮剧在时代潮流中艰难地探索着新发展，国家在思想上和政策上都给予大力的支持。

## 问道 拓展阅读学艺知技

**1. 潮剧的主要组成内容**

唱腔：丰富优美；至今保存有帮腔的特点；有数人合唱一曲或数人合唱曲尾的习惯。

音乐：保留较多隋唐以来的古乐曲和弋阳腔系统的牌子调；并且糅合了当地的大锣鼓音乐、庙堂音乐和民歌而自成风格。

表演：各行的特色极为分明；丑角（一称“潮丑”）的表演更独具一格；擅长运用灵活多姿的形体模拟各种动作；演来意趣横生。

行当：五生、七旦、三净、十丑。

（1）生

是除了大花脸以及丑角以外的男性角色的统称，分为小生、老生（须生）、武生、娃娃生等角色。

小生

老生

武生

小生：主要扮演的是风流潇洒的青年男子，穿项衫，重唱工；作为比较年轻的男性角色，一般面若敷粉、剑眉星目、风流倜傥、斯文儒雅，主要的特点是没戴着长长的胡须；表演庄重文雅，多为正面人物。

老生：主要扮演的是中年以上的男性角色，面戴胡须，即挂髯口，因而，它又被称为须生或胡子生。

花生：又称丑生，多扮演行为不端或举止轻浮的人物，它与丑行中的项衫丑穿戴基本相同，但表演路子属于小生行当。

武生：擅长武艺的男角色。扮演武士或有武术的青年男子，侧重以武功技艺去塑造人物形象，因而表演有小生的潇洒，又有武士的豪侠。

（2）旦

全为女性，是女角色的统称，分正旦（青衣）、花旦、武旦、刀马旦、老旦、贴旦等角色。

青衣

花旦

老旦

青衣：又或称为正旦，它在旦里占据最重要的位置，主要扮演的是端庄、严肃、正派的人物，大多数是贤妻良母，或者是旧社会的贞节烈女之类的人物。

花旦：作为旦的第二大类，主要扮演青年女性，人物性格一般都比较活泼、开朗，动作比较敏捷、伶俐；从服装上来区别于正旦，穿长衣裳，上面绣着色彩鲜艳的花样。

老旦：主要扮演的是老年妇女的角色，包括皇亲贵妇、民间贫妇，重唱工。

武旦：是精通武艺的女性角色扮演江湖侠女或巾帼英雄，多为机智豪爽的正面人物，表演以刀枪拳棍见长。

（3）净

俗称花脸，可分为正净、副净和武净三大类。

以面部化妆运用图案化的脸谱为标志，音色洪亮宽阔，演唱风格粗壮浑厚，动作大开大阖，顿挫鲜明；净原本扮演以插科打诨，滑稽调笑为主的喜剧角色，后世专工扮演性格粗犷、性情豪迈、形象高大的男性角色。

净在潮剧里称“乌面”，传说中的好乌面，开喉如炸雷，猪呛人惊。与旦优美的美学性格截然相反，刚正激越的乌面展示出阳刚之美，强调气势，身段动作要拉开架势，少唱，多用炸声道白，重在“喝头”好。

正净

副净

（4）丑

又称“小花脸”，一般在鼻子处勾画一块白，主要分“文丑”“武丑”和“一般丑”三种。

小花脸区别于净行里头的大花脸和二花脸的地方在于：凡是丑行都在鼻梁上用白粉涂一个粉块。有的是方的，有的是元宝形或是倒元宝形，叫作腰子形，还有的是枣核形。根据不同的人物，画不同形状和大小的白粉块。

丑行在大部分传统戏剧中常是扮演阴险狡猾、贪婪自私的角色，可在潮剧中，我们看到丑行更多的是扮演机警、伶俐、幽默、滑稽，甚至很正直、很善良的角色。它被看作戏曲中富有戏剧性的行当。人们普遍认为，寓庄于谐、化丑为美，通过丑的表演可以揭示美、褒扬美。

武丑

文丑

一般丑

丑行最具有草根味，是潮剧中最接地气的行当。潮丑谐趣、滑稽，又透着人情练达的人生智慧。

**2. 如何根据脸谱妆容区分行当**

脸谱化妆，是用于“净”“丑”行当的各种人物，以夸张强烈的色彩和变幻无穷的线条来改变演员的本来面目，与“素面”的生、旦化妆形成对比。

## 创新 实践活动异想天开

**1. 介绍《辞郎洲》**

潮剧《辞郎洲》讲述了南宋末年，元兵南下，直逼广东潮州一带，文天祥兵败五坡岭，宋帝被逼至崖门，下诏大将军张达督兵勤王；张达之前屡遭陷害，得此抗元效国机会，只顾领兵至潮州，而张达夫人陈壁娘深明大义，让张达以江山社稷为重，最终张达以身殉国，夫人陈壁娘忍痛率义军掩护百姓撤退后，与元兵血战沙场的故事。

**2. 欣赏潮剧**

我们根据潮剧中人物的性格、妆容等特征，结合前面的行当介绍，辨认各角色的生、旦、净、丑类型。

## 结语 传承非遗五育并举

潮剧是中国古老戏曲存活于舞台的生动例证，是中华民族优秀文化表现形式的代表之一，具有深刻的历史意义和较高的审美价值。在 1990 年以后，潮剧受到市场经济的制约和多种现代文艺形式的冲击，投资减少，人才流失，艺术水平下降，正处于艰难发展的状况之中，亟待保护和扶植。

潮剧作为中华文化瑰宝，需要中华儿女去保护、去发展、去传承，它可以让我们穿越到 400 多年前，去看一看当时潮汕人民的生活百态，也希望我们的守护和传承能够让未来的中华儿女也一睹其芳华！

# 丑角——“无丑不成戏”

徐丽红

## 发现 挖掘生活中的非遗

俗话说“无丑不成戏，丑是戏中胆”，丑角是我国国粹京剧中一特殊角色行当，在戏曲中占重要位置。剧评专栏作家徐彬彬说：“丑之一角，在大众心目中，形成一恶人或不屑者之观念，此丑角较诸他角，所以多为恶人不屑者也，又因丑与醜同音之故，然丑虽为表演滑稽之角而非以醜劣为原则，滑稽之真意若求诸司马迁之‘滑稽列传’，则丑之之真意亦可明瞭矣。”

### 1. 丑的动画

动画片《八百鞭子》中“丑角”形象。地主抢夺了小黄鸟，在准备献给皇上的途中，他坐在驴背上的一段念白就充满趣味，幽默有趣的语言语调将其滑稽可笑的形象体现出来。丑角的造型、身段、念白还有精气神等运用到动画片中，为电影注入了滑稽的因素，使动画片更吸引人。

《八百鞭子》的丑角地主

### 2. 丑的邮票

国家邮政局于2001年2月15日发行《京剧丑角》特种邮票一套六枚，邮票上丑角人物分别为汤勤、刘利华、高力士、蒋干、杨香武、时迁。

中国邮政发行的《京剧丑角》特种邮票

## 寻根 扫码观看前世今生

### 1. 丑的名角

清代的《同光十三绝》13位京

《同光十三绝》

剧名伶中，从左往右第二位是"丑角"刘赶三：祖籍天津，票友出身。一次进宫为慈禧太后唱《十八扯》，他扮演皇帝。他利用丑的特殊功能突破角色，现挂抓哏。每看戏光绪都站旁边，不能落座。刘赶三在台上坐着说："我这假皇上都有个座儿，真皇上倒在那儿站着。"慈禧一笑，此后看戏光绪居然可以坐旁边了。

右边倒数第四位，鼻子上有豆腐块的是"丑角"杨鸣玉：清朝同治、光绪时期技艺非凡、声名赫赫的京剧表演艺术家，是徽班进京后由演唱徽调、昆腔衍变为京剧的13位奠基人之一。因其在京剧丑角表演艺术方面的突出成就，被清末画家沈蓉圃绘入《同光十三绝》画谱而流芳后世。

**2. 丑的故事**

梨园始祖唐明皇热爱戏曲艺术，"梨园"一词就是从唐明皇而来，"丑角"也是因唐明皇的故事而尊贵起来。丑角是旧戏班中的"特权阶层"，装有黄蟒、官衣、道袍、王帽、凤冠、九龙冠、圣旨、笏板、尚方宝剑等道具的箱子，是不能随便坐的，唯有丑行演员敢坐。

**3. 丑的分工**

丑角，是在鼻梁中心抹一小块白粉，或方，或枣形、菱形，根据人物性格、身份、职业的不同，分为文丑和武丑两大行当。京剧中的喜剧也好，悲剧也好，都需要丑角穿插其间，用诙谐风趣的表演，来丰富戏剧的色彩与内容。由于丑角既可以表演机智幽默的正面人物，也可以表演灵魂丑恶、道德败坏的反面角色，所以，丑角是戏剧惩恶扬善、褒美贬丑不可或缺的行当。

文丑以做工为主，京剧《群英会》选段中“文丑”蒋干，是《三国演义》中的人物。蒋干盗去书信回到曹营杀自己大将，中了周瑜的反间计，被戏弄得团团转，以蒋干的愚蠢反衬了周公瑾当年雄姿英发、风流翩翩。武丑又称开口跳，武丑以武打为主。《审头刺汤》中的汤勤是方巾丑，是名书法家，要演出文气；《赵氏孤儿》中的皇上是袍带丑，要演出王气；《野猪林》中的高衙内要演出王爷气。理解了丑是美，就理解了京剧艺术的核心——京剧舞台的整体美的民族审美意识。

## 问道 拓展阅读学艺知技

### 1. 丑的基本功

“唱”指唱功，主要是耍腔，“勾、挑、滑、抹”谐趣花俏，声情并茂。如《徐九经升官记》中唱功，每一句里有一个两个三个“官”，三十六句唱词里唱七十五个“官”字，速度忽快忽慢，节奏分明，使用的是京剧“二黄的四平调”，突显小花脸的特点。

丑角演员高唯玮、周子健化妆后的剧照

“念”指音乐性念白，多用京白，“紧、慢、疏、密、强、弱、缓、急”是丑角的灵魂，贴近生活，与观众直接交流。如《胭脂宝褶》中的混沌县令金祥瑞的定场诗是：“我名金祥瑞，一天三个醉，醉了我就喝，醉了我就睡。”夸张地把生活中一类丑恶的人透彻地表现出来。

“做”指做功，加工形态的生活动作。《武松打虎》中，武松在“三碗不过冈”的酒店喝酒，一连十八碗，最后抱着坛子喝，顺坛子边沿洒出酒来。卖酒的酒保（茶衣丑）一见，觉得流掉了可惜，就蹲在武松腿边，仰头张嘴喝漏的酒。结果武松没醉，这个酒保醉了。

“打”指武功，“轻、绵、漂、帅、溜”动作轻盈、干净利落。如《打瓜园》里的武丑陶洪，是个瘸子，为把“瘸”表现出美的感受，他的“打”的动作有摔、跌、扑、滚、飞脚、旋子，还有专门为瘸子的一条手臂、一条瘸腿设计的高难度武打动作，连走路都有专门的诙谐有趣的“一步三点头”的走法。再如《武大郎卖烧饼》中的丑角武大郎表演“矮子功”，整出戏从头到尾演员都要在裙子的遮掩下蹲着走路。名武丑叶盛章先生勤奋刻苦练习“矮子功”，每天蹲着走路，蹲着上几百层楼梯。

2. 丑的造型

右图为关良的戏曲人物水墨画作品《空城计》。丑角造型为城下两个老军在交头接耳、窃窃私语，紧张地注视着司马懿的动向，生怕他杀进城来。此时，戏中的丑角的表演已有准词、准动作和准位置，相当规范化。对剧情的展开起着举足轻重的作用。

关良《空城计》

华玉清《杨香武三盗九龙杯》

上图为华玉清的戏曲人物水墨画《杨香武三盗九龙杯》，丑角造型的杨香武身怀绝技，行走如飞，身轻似燕，他历经艰难曲折，终于盗取稀世之宝温凉白玉九龙杯。

## 创新 实践活动异想天开

### 1. 丑的经典

《报灯名》是京剧《打龙袍》第二场中包拯请皇帝赏灯时，灯官报灯名时一段“数板”念白。灯官由丑角（小花脸）扮演，在剧中起插科打诨的作用，以调节气氛。

念白：是我国戏曲中一种特有的艺术表现手法。它以一种介于读与唱之间的音调将语言戏剧化、音乐化，在戏曲中常与唱腔部分互相衔接、陪衬、对比，形成戏曲中最能表达人物的内心独白，是体现人物思想的一种手法。

数板：戏曲曲式所有的一种板式，只念不唱，有节奏，以板击拍伴奏，念词的句式和韵脚与唱词基本相同，篇幅长短不定，在戏曲中一般由丑角使用，有时在唱段中也夹用数板，之后再接唱腔。

手眼身步法：戏曲表演艺术的五种技法。“手”指各种手势动作，“眼”指各种眼神表情，“身”指各种身段工架，“步”指各种形式的台步，“法”指以上几种表演技术的规程和法则。

休要吵，休要闹，

且听我俩把灯名报。

一团和气灯，

和合二圣灯，

三阳开泰灯，

四季平安灯，

五子夺魁灯，

六国封相灯，

七财子禄灯，

八仙过海灯，

九子十成灯，

十面埋伏灯。

这个灯，那个灯，灯官我一时数不清……

往后瞧又一篇，

昭君打马和北番。

出了雁门关。

往后瞧又一层，

吕布戏貂蝉，

是大闹凤仪亭。

往后瞧又一套，

看看天雷打死了张继保。

**2. 传统文化**

灯官：戏曲舞台上负责串场、插科打诨的角色之一，多由丑角（小花脸）扮演，多见于元宵节观灯场面。

和合二圣：传说中唐代高僧寒山、拾得的合称。寒山为和圣，拾得为合圣，二人均住天台山国清寺为僧。旧时店铺门上常贴二圣画像为装饰。

三阳开泰：旧时吉祥话之一，古时“羊”“阳”相通，有勃勃生机之意；“泰”是挂名，乾上坤下，大吉大利，开泰犹如恭喜发财。

五子夺魁：民间吉祥图案之一。画面为一稍大男童，手举头盔，以盔寓魁。魁是魁星，暗指状元。旁边有四个略小男童争夺，寓子孙皆能状元及第。

六国封相：战国时苏秦的故事。苏秦是个纵横之士，他说服齐、楚、燕、韩、赵、魏六国联合对抗秦国，挂六国相印。苏秦故事多为民间传说，《史记》《战国策》中虽有记载，亦不确。

八仙过海：民间广为流传的道教八位神仙。八仙之名，明代以前众说不一。有汉代八仙、唐代八仙、宋元八仙，所列神仙各不相同。至明吴元泰《八仙出处东游记》始定为：铁拐李、钟离权（汉钟离）、吕洞宾、张果老、曹国舅、韩湘子、蓝采和、何仙姑。

十面埋伏：刘邦、项羽争夺天下，在垓下决战，设十面埋伏，围困项羽，迫使其在乌江边自刎，从而结束了这场战争，统一了中国，建立了汉王朝。后有著名琵琶曲《十面埋伏》表现这次大战。

吕布戏貂蝉：旧时三国故事之一，见《三国演义》第八、九回。貂蝉是司徒王允家的一个歌妓，王允为除掉董卓特设“连环计”，先将貂蝉许嫁吕布，再献与董卓，离间二人关系。后吕布与貂蝉私会凤仪亭，被董卓发现，董卓欲杀吕布，后被吕布所杀。

昭君和番：昭君即王昭君，姓王名嫱，南郡秭归（今湖北省兴山县）人，古代四大美女之一。汉元帝时，匈奴呼韩邪单于对汉称臣，请求和亲，以结永久之好。这里所谓“番”泛指西方边境各族，匈奴是其中之一，和番就是通过与这些民族联姻，以求得和平相处。王昭君挺身而出，慷慨应诏。第二年初夏，昭君到达漠北，受到匈奴人民的盛大欢迎，并被封为“宁胡阏氏”，意为匈奴有了汉女做“阏氏”（王妻），安宁始得保障。

张继保：张继保是个弃儿，出生不久即被母亲抛弃，后被做豆腐的张氏夫妻收留，抚养成人，并教他读书识字。许多年后，他又被弃母认去，回到他做官的父亲身边，读书深造，并考中了状元。后来做了大官的他在赴任的路上与张氏夫妇相遇，他不仅不认这对孤苦的义父义母，还把他们逼死在清风亭前。张继保也得到上天的惩罚，五雷轰顶而死。在民间，张继保就是个忘恩负义、不孝的典型。

## 结语 传承非遗五育并举

【明理导行】

自嘲和自讽是京剧丑行的宝贵艺术品格，丑行的本质是京剧唯美表现的典型代表。丑角要与各种行当搭戏，不但要精通本行，还要会生、旦、净行，不但要技艺高，还要品格高。著名武丑叶盛章先生为练蹲着走路的矮子功，每天蹲着上几百层楼梯，展现出坚毅的美好品质。有丑必逗、有丑必欢、有丑必喜、有丑必笑，是丑角客观冷静的情感表达，是超然的戏曲审美意识。丑角以夸张的形象呈现舞台，以独特的外在形态追求内在美好，是一种反思内省后大彻大悟的人生观，是一种对生活中虚伪欺诈、文过饰非等丑恶本质的刻意反叛，呈现了中华民族独特的美与丑的辩证与统一，体现了相反相成、互为转换、物极必反的中国传统哲学理念。通过一个个剧目的学习，我们不仅能懂孝道、知礼节、守承诺、辨是非，还真正理解了生活与生命的美好意义。

三（6）班高唯玮同学扮演丑角

# 京剧文化——演绎古今天下事，粉墨春秋脸上描

赵 欣

## 发现 挖掘生活中的非遗

蓝脸的窦尔敦盗御马

红脸的关公战长沙

黄脸的典韦，白脸的曹操

黑脸的张飞叫喳喳

这首朗朗上口的《说唱脸谱》是作曲家将我国的传统戏曲元素巧妙地融入流行歌曲之中。歌中的提到的脸谱正是京剧所独有的。

京剧脸谱展示

## 寻根 扫码观看前世今生

京剧，曾称平剧，腔调以西皮、二黄为主，用胡琴和锣鼓等伴奏，场景布置注重写意。京剧艺术被称为“国粹”，徽剧是京剧的前身。清代乾隆五十五年（1790 年）起，四大徽班陆续进入北京，他们与来自湖北的汉

调艺人合作，同时又接受了昆曲、秦腔的部分剧目、曲调和表演方法，吸收了一些地方民间曲调，通过不断的交流、融合，最终形成京剧。2010 年 11 月 16 日，京剧被列入人类非物质文化遗产代表作名录。

京剧集宫廷气韵之华贵、南北音韵之精华，集中国传统美学之大成。历经200年的发展和变迁，以其最古典、最纯粹的精美与情味成为雅俗共赏、宜古宜今的民族艺术瑰宝，被誉为中国的国粹。在今天，更以其高度的艺术代表性成为当代中国面向世界的一张文化名片。

我们熟悉的脸谱，起源于原始图腾，后来逐渐演变成艺术化的戏剧脸谱。据《旧唐书·音乐志》和唐段安节撰《乐府杂录》记载，公元 550 年的北齐兰陵王高长恭英勇善战，但因其美貌缺少威严，每次作战就戴上形状狰狞的假面。

到了唐代就发展成为一种“代面”的歌舞形式，这种戴面具的演出，观众对演员表情变化看不见，妨碍对戏剧艺术的欣赏，后来面具就不戴了，发展为将面具上的花纹直接画在脸上的化妆艺术。

宋元时期，面部化妆色彩多样化，有黑脸、红脸、花脸、青脸、蓝脸。这些脸谱的颜色都有一定象征意义，红色表示英勇、正义，如关羽赤胆忠

各色脸谱示例

心，就勾画红脸；黄色表示勇猛、残暴，如《战宛城》中的典韦、《马陵道》中的庞涓，勾画黄脸；白色表示奸诈、多谋，如曹操奸诈，勾画白脸；黑色表示刚直、果断，如包拯铁面无私，勾画黑脸；蓝色表示坚毅、勇敢，如《连环套》中的窦尔敦、《白水滩》中的青面虎；此外还有神怪仙佛一类人物，专用金色、银色等。

戏剧人物脸上先有了这些主色基调，再配以表现其心理、专长、命运等象征图案，一个性格鲜明的人物形象就塑成了。

我国古老戏剧剧种，如徽剧、汉剧、昆曲、秦腔、川剧等360多个剧种，绝大多数都有自己的脸谱形式，各有风姿。清代中期形成的京剧，吸收了不同剧种的精华，经过艺人的创作，脸谱多达几百种，形成了绚丽多姿的脸谱艺术，成了中华民族传统文化的瑰宝。

脸谱在谱式、图案、颜色上有其既定的格式。谱式上大致可分为整脸、三块瓦脸、十字门脸、六分脸、碎脸、歪脸、象形脸等，其中，整脸和三块瓦脸是最基本的两种谱式。整脸是指脸上涂一种主色（或白或黑、红），不勾花纹，不歪不破，略画眉、眼、鼻和纹理，这种主要是肤色夸张的谱式，多用于刻画面带笑容、内藏奸诈的权贵。

## 问道 拓展阅读学艺知技

唱念做打和手眼身法步将人物丰富的内心情感，通过夸张的表演体现出来。借助水袖、翎子、髯口、马鞭等服装与道具，自然生动地表现出在特定戏剧境界中的真情实感，创造出绚丽多彩的戏剧场面与生动鲜活的人物形象，带给观众视觉与听觉的极致享受。在京剧舞台上，时刻洋溢着中华民族的精神与气度之美，体现着千百年来中国人对于美好品格的追求。无论是帝王将相才子佳人，还是神仙鬼怪贩夫走卒，都用浓重的笔墨勾勒出人物的精神世界，用鲜明的色彩表达创作者对真善美的褒奖和对假丑恶的鞭挞。动与静，快与慢，悲与喜，乐与怒，善与恶，美与丑，这些泾渭分明的元素在京剧的舞台上得到完美的和谐统一。作为中国古典艺术集大成者，京剧从内容选材到表现形态，呈现于舞台的方方面面，无一不体现出近乎极致的古典美感。

## 创新 实践活动异想天开

【技法实操】

一年（3）班学生表演《说唱脸谱》并与张锦庭校长合照

一年（3）班学生合唱《说唱脸谱》

## 结语 传承非遗五育并举

【明理导行】

弦歌不辍，薪火相传，京剧一路发展壮大，兼容并包，吸收了许多不同剧种的剧目、曲调、表演方法，不断取人之长，补己之短。京剧薪火相传也离不开一代代艺术家们“戏比天大”的敬业精神，这也是我们生活中应该学习的。

京剧文化薪火相传

# 皮影戏——幕后的非遗

钟遂贤

## 发现 挖掘生活中的非遗

皮影戏是中国民间传统艺术，传承着中华文明的历史。皮影戏有着丰富的故事题材，是一种独特的戏剧形式。我校的非遗项目——皮影戏独具魅力的艺术形式和深厚的文化底蕴以特有的方式呈现给大家，从而使观众产生对中华文化的亲切感和认同感。

学校举办的皮影戏活动

皮影戏表演

## 寻根 扫码观看前世今生

皮影戏是中国民间古老的传统艺术。据史书记载，皮影戏历史悠久，源远流长，始于西汉，兴于唐朝，盛于清代，元代时期传至西亚和欧洲。2011 年，中国皮影戏入选人类非物质文化遗产代表作名录。

## 问道 拓展阅读学艺知技

### 1. 皮影戏的含义

皮影戏，又称“影子戏”或“灯影戏”，是一种以兽皮或纸板做成的人物剪影来表演故事的民间戏剧。

表演时，艺人们在白色幕布后面，一边操纵影人，一边用当地流行的曲调讲述故事，同时配以打击乐器和弦乐，有浓厚的乡土气息。其流行范围极为广泛，并因各地所演的声腔不同而形成多种多样的类型。

皮影戏走秀表演

### 2. 皮影戏的渊源

根据文字记载，皮影戏已经有2000多年的历史。在《汉书》中有一段爱情故事，被认为是皮影戏的渊源。

汉武帝爱妃李夫人染疾去世，汉武帝思念心切，神情恍惚，终日不理朝政。大臣李少翁有一天出门，路上遇到孩童拿着布娃娃玩耍，影子倒映在地上，栩栩如生。李少翁心中一动，用棉帛裁成李夫人影像，涂上色彩，并在手脚处装上木杆。入夜围方帷，张灯烛，恭请皇帝端坐帐中观看。汉武帝看罢龙颜大悦，就此爱不释手。

精美的皮影

### 3. 皮影戏流派

皮影戏在中国流传地域广阔，各地皮影吸收了地方民间习俗、音乐体系等的精华，形成了众多流派。有唐山皮影戏、冀南皮影戏、陆丰皮影戏，等等。

中国皮影有北路、南路之分，陆丰皮影戏作为南路影戏仅存的唯一一支，是我国三大皮影系统之一的潮州皮影的唯一遗存。陆丰皮影戏是古代闽南语系和海陆丰民间习俗相结合，地方特色浓厚，唱腔音乐独特，主要是正字戏曲牌，融合陆丰渔歌小调和白字戏曲牌。绘画融合水墨画、通花剪纸、单线平涂等，皮影造型雕刻精致，色彩鲜艳，表演形象逼真，细腻生动，优雅可观。

以皮影戏为代表的非遗文化的传承，既要承接文脉，也要面向未来。陆丰市皮影剧团是广东省唯一的国有专业皮影剧团，陆丰市皮影戏传承保护中心在传承传统剧目的基础上，丰富皮影戏演出内容，创造了多部优秀的皮影戏，推出的剧目有《阿星游历记》《老鼠偷蛋》《猴子捞月》《泪花》等。同时，陆丰市皮影剧团对传统皮影戏进行创新，推出红色皮影精品剧目《海陆丰女子粉枪队》《碧海丹心》等。

《海陆丰女子粉枪队》

《海陆丰女子粉枪队》讲述了大革命时期，在海陆丰活跃着中国的第一支妇女武装“妇女粉枪队”的故事，其中25岁怀有六个月身孕的队长阿月（赖月婵）为保护全村百姓，不顾个人安危，挺身而出，壮烈牺牲。这部戏将传统与现代艺术相结合，融入了木偶、荧光皮影、舞蹈等多种形式演出，用木偶表现敌人的残暴，用舞蹈表现阿月的勇敢，有着浓厚的海陆丰民俗风情。

## 创新 实践活动异想天开

### 1. 材料的选用

皮影一般使用羊皮、牛皮以及驴皮等动物皮进行创作和制造。动物皮质地坚固并具有良好的耐用性，方便长久保存，同时透光性好，容易显影。

### 2. 制作工序

中国地域辽阔，不同地方的皮影都有自己的特色，但皮影的制作工序几乎相同，一般经过：选皮、制皮、画稿、过稿、镂刻、敷彩、发汗熨平、缀结完成等八道工序，手工雕刻 3000 余刀，是一个复杂精细的过程。

选皮 → 制皮 → 画稿 → 过稿 → 镂刻 → 敷彩 → 发汗熨平 → 缀结合成

皮影制作工序

其制作过程是：先将羊皮、驴皮或其他兽皮的毛、血清理干净，用药物浸泡使其软化处理，使皮革变薄，呈半透明的淡黄色，再涂上桐油。用动物皮制作的皮影人在灯光下展现通透的美感，能很好地显露颜料的色彩。艺人们在动物皮上描绘各种人物的图谱，用不同型号的刀具雕刻，再涂抹上颜色，上色时主要使用红、黄、青、绿、黑等五种纯色。

### 3. 雕刻技巧

皮影雕镂方式，一般都用阳刻，有时也用阴刻，主要对皮影人面部的刻画。阳刻是指用线条勾画轮廓，其余部分镂空，主要适用于皮影上精巧细密的部分。而阴刻则是用镂空线条勾画轮廓，其余整块面则还可用颜色进行情绪上的刻画。绘画染色讲究

学生展示用雕镂方式制作的皮影作品

女性发饰及衣饰多以花、草、云、凤等纹样为图案，男性则用龙、虎、水、云等纹样为图案。忠良人物为五分面，反面人物为七分面。制成的皮影高的有 55 厘米，低的有 10 厘米左右。

**4. 皮影的演绎**

皮影人的四肢和头部是分开雕刻的，最后用线连缀而成，表演时可活动自如。一个皮影人不仅手上功夫绝妙高超，要用五根竹棍操纵，抖、捻、揉、拖、翻转等，手指灵活，嘴上还要说、念、打、唱，脚下还要制动锣鼓，需要一遍遍练习才能掌握诀窍。

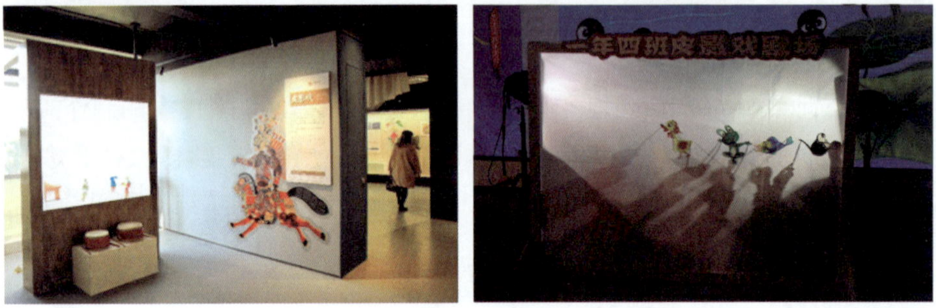

皮影表演展览

皮影的屏幕，是用一块 1 平方米大小的白纱布做成的。演出时，皮影紧贴屏幕活动，人影和五彩缤纷的颜色真切动人。

**5. 皮影制作体验**

学生通过选用简单的材料，进行图样的设计、雕刻、上色、装订，安装操作杆。制作完成后进行展示。

学生进行皮影展示

学生进行皮影展示

## 结语 传承非遗五育并举

随着社会经济的发展与进步，人们生活水平、审美水平也在逐步提高，文化的交流越来越频繁，现代雕刻工艺能把皮影中的角色表现得更精湛、更细腻。皮影造型独特，蕴含着丰富的传统文化内涵，承载着许多历史文化。祖祖辈辈的先人们因为皮影戏的陪伴，度过了许多快乐的时光。我们可从皮影戏中了解到中国风情民俗、人文精神、社会发展和审美情趣等多方面内容。皮影戏不仅演绎着历史故事，而且传递现代生命的各种情感，在皮影戏演绎的嬉笑怒骂之间把人世间的苦乐哀愁表现得酣畅淋漓。皮影剧目中大都宣传善的内容，体现了对人的理解，对人性的关怀。我们也要认识到，皮影戏带来的不仅仅是作为玩具和游戏的欢乐，更体现团队的合作意识。一个人演绎的皮影是孤独的，没有生命的气息。只有多人演绎合作，才能体现出皮影浓烈的情感，烘托出热烈的气氛。

# 凉茶——广东人的养生秘籍

贺春芳

## 发现 挖掘生活中的非遗

邮票历来被称为“国家的名片”，因而，中国邮政发行的纪念邮票一直是收藏家和集邮爱好者关注的对象。为纪念有着186年历史的凉茶，2014年2月18日“王老吉”荣登中国邮政特批发行的纪念邮票。

王老吉纪念邮票限量发行1000版，每版16枚，主图为中国传统的同心结，副图为王老吉品牌历史大事，在方寸之间汇聚了王老吉品牌从创始、传承到飞跃发展的历史，很有纪念意义。广州邮政还专门为该邮票首发仪式制作了首日封和纪念戳，受到了现场观众的热烈追捧。

王老吉纪念邮票

首日封和纪念戳

## 寻根 扫码观看前世今生

广东地处岭南，岭南人饮用凉茶历史悠久，代代流传、相习成俗，与粤剧、粤菜、粤语等，一起体现出独具特色的岭南文化。

## 问道 拓展阅读学艺知技

**1. 凉茶简介**

凉茶，从字义理解，凉即寒凉，茶即茶叶，合起来讲，凉茶乃用茶叶制成的具有寒凉清热、生津止渴作用的一种饮料。因为茶叶本身就有这种作用，因而称为凉茶，故凉茶最早是以茶叶为原料的。

**2. 凉茶的历史**

广东凉茶起源于数百年前，据传，在公元 306 年，岭南老百姓根据东晋道学医药家葛洪的医学理论，根据本地的气候、水土特性，在长期预防疾病与保健的过程中以中医养生理论为指导，以药性寒凉、解暑消热的中草药熬水来喝，总结出一系列具有清热解毒、生津止渴等功效的饮料。

广东凉茶还具有独特的文化底蕴。广东鹤山人王泽邦（乳名王吉）于 1828 年在广州十三行靖远街开设凉茶铺，经营水碗凉茶。凉茶铺附近都是些码头搬运工、黄包车夫以及来往的客商，人们但凡头痛身热、咽喉肿痛、口舌臭苦，喝上一碗凉茶均能药到病除。

王泽邦（乳名王吉）

广东凉茶与清代禁烟大臣林则徐也有一段渊源：相传当年林则徐到广州禁烟，整日奔波劳累，结果中暑困热，咽痛咳嗽，病情日渐加重，但随行的医生却无良方，上下十分焦急。有人听说王老吉治暑感有方，就到十三行“王老吉”王泽邦的药铺为林则徐求药，没想到果真药到病除，林则徐仅服了一包草药便痊愈了。于是，林则徐登门答谢，问及店主姓名与所用之药。

原来，王泽邦熟谙医道药理，从白云山采药归来，就在自己开的凉茶铺里诊症，一般病人服下他开的三五味草药便可药到病除。他不但医技高，也重医德，不分贫富，对病人一视同仁。开始，大家都亲切地叫王泽邦的乳名——王吉。后来，王吉年纪大了，自然就成了王老吉。

林则徐问王老吉用什么药治好了他的病。王老吉如实回答：“为你治病的是几味不值钱的草药。”

林则徐不禁感叹：“药无分贵贱，不值钱的草药，贫苦百姓更能受益。如果能将药煮成茶，使人随到随饮，有病治病，无病防病，那就更是为大众造福无量啊。”

林则徐赠壶王老吉

王老吉听后，若有所悟。没过几天，他如林则徐所言在凉茶铺里煲药卖茶。林则徐得知，即命人送去一个大铜葫芦壶，上面有“王老吉”三个大金字。此后，王老吉的名声风行羊城和珠三角一带，他既卖凉茶，又把草药配成药包，方便顾客携带出门远行。“王老吉”凉茶一传十、十传百，处处口碑，人人受益，历久不衰。直至今天，“老老实实王老吉，清热解毒祛暑湿”的口碑还广为流传，王老吉成为最负盛名的广东凉茶王。

**3. 喝凉茶的原因**

一方水土养一方人，一方水土育一方物。凉茶，不论盛夏还是隆冬，四时可服，深受广东人的喜爱。广东人为什么喜欢喝凉茶？

从地理位置来说，广东地处南方，按照中医五行归属，南方炎热，与“火”温热、炎上的特性相类似，故南方属火。

从气候条件来说，广东地处亚热带，为沿海地区，气候温暖潮湿，发病以湿温、湿热为多见。

从饮食习惯来说，广东人喜食肥甘厚味、海鲜山珍野味，烹调方法多用煎、炒、炆、炸、炖、烧、烤等，烹调配料多用姜、蒜、葱、椒盐、豆豉、花椒、八角等辛温燥热之品，因而发病以燥热、湿滞为多见。所以广东民间饮凉茶的习惯很普遍，如感冒、湿滞用盒仔茶；热气、上火饮红萝卜竹蔗茅根水；湿热饮五花茶；喉咙痛用苦瓜干煲蚝豉或水瓜壳煲冰糖；

咳嗽饮罗汉果茶；发热煲倒扣草，或用蝉蜕煲冬瓜；肝热煲鸡骨草、狗肝菜；尿频、尿痛煲车前草、赤小豆、崩大碗等。而且不同地区，亦各有其特色的凉茶，如湛江伤风咳茶、东莞鲁太爷甘露茶、沙溪凉茶、罗浮山凉茶、石岐凉茶、廉江凉茶等。凉茶可以消除春夏秋季人体内的湿热之气，减缓冬日干燥引起的喉咙疼痛等疾患，治热症和上火，清热解毒，滋阴降火，生津止渴，消暑去湿清热。

凉茶似药，各类凉茶都以中草药作为原料，强调“春去湿，夏解暑，秋降火，冬防感”；但凉茶又不是药，它是具有岭南特色的日常性饮料。

**4. 传承故事**

凉茶作为一项传统工艺，其中蕴含了文化的传承。在 2006 年发布的《国务院关于公布第一批国家级非物质文化遗产名录的通知》里，由广东省文化厅、香港特别行政区民政事务局和澳门特别行政区文化局共同申报的“凉茶”作为传统手工技艺类被列入了第一批国家级非遗名录，使得百姓家的寻常饮料成为南粤文化的载体。

作为民族品牌、凉茶行业领导者，凉茶始祖王老吉一直以向世界讲述中国品牌好故事，传播凉茶文化为自身使命，在凉茶文化海外输出及传承推广方面，勇当领路人。在国家“一带一路”倡议指导下，王老吉凉茶在产品出口、国际标准制定和凉茶文化三大方面积极布局，正努力成为走向世界的“中国符号”，在世界的舞台上彰显中国企业的国际形象与品牌力量。作为百年老字号，沿袭一脉相承的正宗配方，更致力于传承中华凉茶文化，190 余年“老老实实王老吉”精神深入人心，也诠释着王老吉百年工匠精神。在凉茶标准建立层面，2013 年 6 月 13 日，广药集团王老吉委托诺贝尔奖得主弗里德・穆拉德博士代表广药，与瑞士 SGS 签订协议，共同启动了“王老吉凉茶植物饮料国际标准研究项目”，为凉茶走向世界奠定了国际标准。2017 年 1 月 9 日上午，在国家科学技术奖励大会上，王老吉参与的中草药 DNA（脱氧核糖核酸）条形码技术荣获国家科技进步二等奖，这也是中国凉茶行业首次获得国家顶级的科研奖项。从采用世界顶尖的基因条形码对王老吉的原材料进行鉴定，并配上“基因身份证”，再到领先行业的在线调配等关键技术的应用，用高科技武器和科技创新从源头到调配对质量的严控，有力地保障了王老吉凉茶的高品质，成为消费者信赖与喜爱的健康选择。2017 年元旦，王老吉也是独辟蹊径，在新年来临之际，在央视播出王老吉品牌文化纪录片，向世界讲述王老吉凉茶文化故事，营造出王老吉“吉文化”的独特魅力与吉庆氛围。据统计，2006 年，王老吉销量已超过可口可乐在中国大陆的销量，销售范围覆盖美国、加拿大、法国、英国、意大利、德国等近 20 个国家。

**5. 传承人物**

黄振龙：年幼师从名医，潜心苦学，终成南粤一代草药大师。由多年行医经验总结出“癍痧凉茶”配方。20 世纪 50 年代初期，在广州开设了 13 家凉茶店，因该茶功效卓著，故饮用者甚众，“癍痧凉茶”在广州名闻遐迩，后来因公私合营等原因，凉茶店相继被迫关闭。黄振龙最终将配方传给长子黄志强后，郁郁离开人世。

黄振龙

黄志强先生坚持用古法慢火熬制“癍痧凉茶”，使药材在沸点得到充分的水解，更好地保持了茶的浓度和风味。

徐其修：自幼随父（徐就昌）在广东佛冈、广州等地经营凉茶铺，兼医治疑难杂症。当时由于药物来源不足，运输不便，后搬迁至广东省英德市浛洸继续经营凉茶铺（今天的徐其修凉茶总铺）兼行医习药。

徐其修

徐其修凉茶功效卓越，治愈了不少人的癍痧伤寒、痢疾秘结、胸闷骨痛、感冒咳嗽、脾虚惊风、大热症等，用精湛的中医学术、秘制的方剂为患者消除了无限的痛苦，徐其修被当地人们誉为“凉茶大王”。

徐其修年过花甲之时将毕生心血积累的经验授传于后代。其修后裔徐星权、徐星祥兄弟将祖传凉茶发扬光大。

6. 凉茶的演变

碗凉茶—凉茶包—凉茶颗粒—罐装凉茶、瓶装凉茶。

碗凉茶

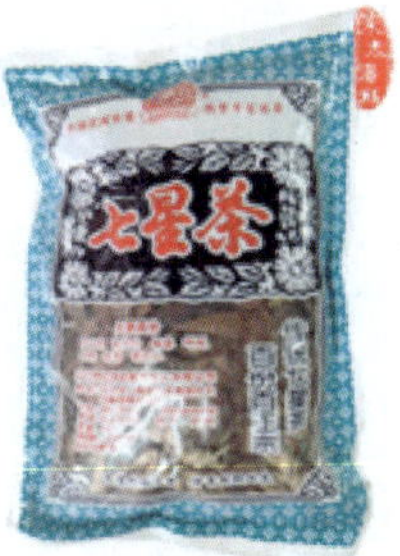


凉茶包

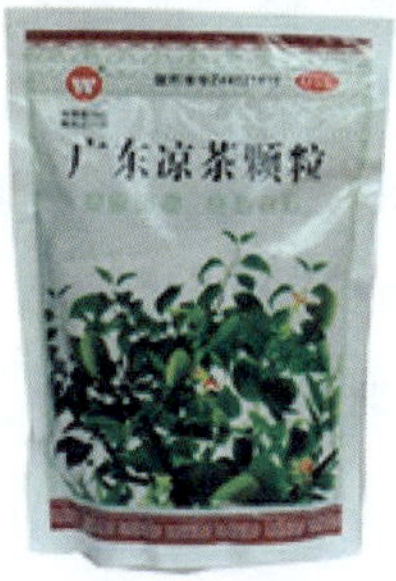


凉茶颗粒

罐装、瓶装凉茶

## 创新 实践活动异想天开

1. 认识常见的中草药

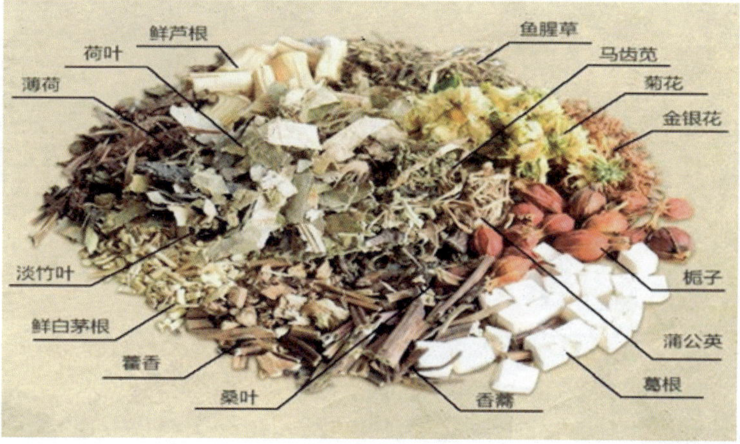


主要的草木植物原料

传统凉茶，有的着重清热解表，有的针对外感风热，有的主打清热润燥，还有的强调清热祛湿，最后一类是传统凉茶中的基本用药，像夏枯草、冬桑叶、野菊花、绵茵陈、金银花、岗梅根等都是常见的中草药。

**2. 常见的凉茶**

（1）单纯清热的凉茶：黄振龙、王老吉、深晖凉茶王、宝庆堂四季凉茶、上清饮。

这类凉茶适用于湿热证，如困重、纳差、口黏、苔腻。主要配方是五花茶，即金银花、菊花、槐花、葛花、木棉花，这种凉茶还能兼解酒去湿、健胃消滞。有时也加芦根、甘草。

（2）有解毒功效的凉茶：夏桑菊、徐其修、宝芝林、邓老、陈李济。

这类凉茶在夏天喝对人体有一定好处，不仅可以清热解毒，也可以补充人体所需要的营养物质，建议内火旺盛的人平时可以多喝。

（3）有祛湿功效的凉茶：春和堂、和其正、清心堂。

这类凉茶对风热感冒、热血毒痢、痈肿疔疮效果好。可选用金银花茶配方：金银花、山芝麻、菊花。

中草药

（4）有利咽功效的凉茶：潘高寿、念慈庵、胖大海茶、桑叶茶、桔梗茶。

这类凉茶适用于暑热证，如在三伏天，汗多、口渴。消暑有奇效，非常适合建筑工地、炼铁厂的工人。

**3. 了解传统广东凉茶的熬制方法**

传统凉茶制作的方法是先辈传承下来的一门工艺，要经过三煎三焗。需要加适量冷水，药材浸泡 1 小时（水面漫过药材 8—10 厘米），再用大火煮半小时，小火焗半小时，过滤药液；再加水（水面淹过药材 3—5 厘米），煮沸后再煎煮 8—10 分钟，过滤药液；合并两次药液，放凉后就可以喝了，也可以根据个人喜好，适当加点冰糖或蜂蜜等。

## 结语 传承非遗五育并举

**【明理导行】**

岭南人饮用凉茶代代流传、相习成俗，与粤剧、粤菜、粤语等，一起体现出独具特色的岭南文化。时至今天，凉茶仍然是岭南人日常生活中不可或缺的生活元素。演变至今，作为中医药文化的一个分支，凉茶文化不再局限于“有病时治病”，而是更注重于“未病时防病、治未病之病”，形成了一种全新的中国独有的防病养生文化。凉茶从治病救人的初衷转变成健身养生的理念，凉茶文化不断在传承中走向现代。广东人熬制凉茶时的认真态度、对事情的执着精神，蕴含着广东人特有的精神价值、思维方式、想象力和文化意识，体现着广东人的生命力和创造力。

**【非遗传承小天使】**

### 《广东凉茶》封面设计背后的故事

王楚菡　五年（4）班

指导老师：陈　容

2019 年的六一，华南师大附小要举办“非遗活动进校园”开放日。我们五年级（4）班在校园开放日中要推广广东凉茶文化。接到这个任务后，我们全班同学都行动起来，想为展现富有岭南特色的凉茶文化而共同努力。

一部分同学承担了介绍某种凉茶制作方法与功效的写作任务。我承担了班级凉茶文化宣传册封面设计的任务。接到任务后，我没有马上动笔，而是认真思考了好几天，翻阅了《老广新游》这本我很喜欢的介绍广州风物的书，在网上查阅了很多关于广东凉茶的内容，还有凉茶铺子的装修设计，在家里和父母进行了多次探讨，终于有了比较清晰的思路。

5 月 23 日晚上，我早早完成作业后，就准备开始封面设计这项大工程了。我拿出专业的水彩纸，小心地按照 8 开的规格裁开来。为了凸显岭南文化的气息，我决定封面采用竖版设计，体现历史感。至于技法，我想采用水彩加彩铅，还有马克笔，这样可能会既丰富又细腻，而且又能发挥我的绘画水平。

最关键的部分是线稿创作，我之前准备了几个小样，经过对比和征求美术老师的意见后，我确定了以传统中药铺来表现广东凉茶的最终方案。首先是主题词“广东凉茶”四个字的字形设计与布局，这是整个封面的核心，必须突出。因此，我用了类似木质横匾的设计，而且把“广东凉茶”这四个字做了一些处理。当线稿完成的时候，我感觉还不错，这就给了我很大的信心。接下来是人和物的组合，我设计了一名民国时代年轻中药师形象，他留着短发，身着中式长袍和黑布鞋，手上提着一杆称药材的小秤。这个灵感可能来自寒假时我看的那部电视连续剧《老中医》，这部电视剧使我对悬壶济世

的中医文化有了一点点的了解。对了，这里还有个小插曲，我本想给药师画个长辫子，问了爸爸后便知道在1911年辛亥革命后，男性都要剪掉长辫，所以我就画了一个短发的药师。当然，细心的人一定会看出，这年轻药师的面容也有一些现代动漫人物的感觉。这样处理，也正好体现了广东凉茶文化的时空穿越、长盛不衰。

为了让画面有现场感，我设计了一组中药房的药匣子。层层叠叠、密密麻麻的药匣子也是我每次去中药房的目光焦点，总好奇里面的各种药材。为了画好中药柜的立体感，我仔细地一遍遍上色，用彩铅小心描绘，有明暗变化，有透视原理。当我终于完成的时候，爸爸凑过来一看，惊叹道：你画的柜子看起来比我们家的柜子还有光泽！听到爸爸的赞许，我觉得所有的劳累都烟消云散了。接着，我又加上了虎脚腿中式桌、冒着热气的大铜壶、装着药材的大麻袋、盛着新鲜草药的簸箕，还有一只可爱的鸡尾鹦鹉。最后，我给整个画面加了一个浅棕色的边框，运用了做旧的手法，使整个封面有些历史感。我觉得这样的凉茶铺子应该是有生机的，它不仅有浓郁的中草药味道，也有小鹦鹉热闹伶俐的鸣叫，这样，真实的人间烟火气息就出来了。

经过四天的创作，我终于完成了《广东凉茶》的封面设计。凉茶的主要成分是中草药，已经成为广东人生活中不可缺少的一部分。我希望广东凉茶文化能够一代一代传承下去。

# 景泰蓝——高贵优雅的蓝色传奇

李红梅

## 发现 挖掘生活中的非遗

景泰蓝器具美如画。

精美的景泰蓝器具

**【鉴赏作品】**

《兵马战车》是景泰蓝工艺中难得的传世佳品。该作品形象逼真，气势宏伟，工艺精湛，是仿西安秦始皇陵铜车马，按原型1 ∶ 1比例制作，

《兵马战车》

总长3米，高2米，由四匹战马、战车、伞盖、驭手、弓箭、盾牌等多部分组成，大小数千个零件。秦陵铜车马由珐琅厂大师邵家增设计造型，宋辉荣设计纹样，集体制作，其色调以景泰蓝为主色，以古铜纹、拐子纹作装饰。

《和平颂宝鉴》是2005年由78岁高龄的钱美华大师为纪念中国人民抗日战争胜利、世界人民反法西斯战争胜利、联合国成立六十周年而创作。景泰蓝圆盘盘面中心五个和平鸽代表世界五大洲人民渴望、向往和平；八组图案形象、橄榄花环是世界人民团结友谊的象征，直线表示长城，有序的城垛组成万众一心，歌颂和平友谊。该作品荣获2005年第二届“北京工美杯”金奖。

《和平颂宝鉴》景泰蓝圆盘

《鸟杯》景泰蓝杯子

左图这个杯子上面有一只鸟，所以取了最直观的名字《鸟杯》。别看它名字简单，但名头不小，它被评为国家珍品，由国家工艺美术珍宝馆永久性珍藏。

《天下吉祥》景泰蓝瓷瓶是景泰蓝艺术集大成者。集景泰蓝的颜色、工艺之美和中华民族很多美好的寓意于一身。

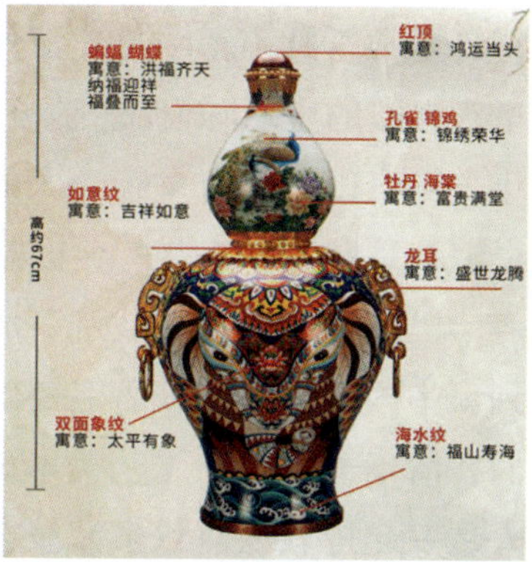


《天下吉祥》景泰蓝瓷瓶

## 寻根 扫码观看前世今生

景泰蓝为国家级非物质文化遗产。我国特种工艺品之一，用紫铜做成器物的胎，把铜丝掐成各种花纹焊在铜胎上，填上珐琅彩釉，然后烧制而成。明代景泰年间在北京开始大量制造，珐琅彩釉多用蓝色，所以叫景泰蓝。

## 问道 拓展阅读学艺知技

### 1. 景泰蓝简介

景泰蓝，正名“铜胎掐丝珐琅”，俗名“珐蓝”，又称“嵌珐琅”，是中国著名特种金属工艺品之一。制作景泰蓝先要用紫铜制胎，再用扁细的铜丝在铜胎上掐成各种花纹焊上，然后用色彩不同的珐琅色釉镶嵌填充在花纹内，最后再通过高温烧制而成。

### 2. 景泰蓝的历史

根据史料记载，景泰蓝是在元代由阿拉伯地区传入中国，发展到明代开始盛行，我国的工匠们对景泰蓝的制作技艺不断完善和提升，直到明朝景泰年间景泰蓝的制作工艺达到一个高峰。景泰，是明朝第七任皇帝朱祁钰的年号。这位皇帝非常喜欢这种工艺品，参与设计图案、选择颜色，甚至连制作的作坊都搬进了皇宫。这种工艺在景泰年间达到前所未有的水平，制作的颜色多以蓝色为主，因此人们叫作“景泰蓝”。皇帝还在皇宫设置御用监、造办处，专门制作这种珐琅器，工匠多达上百人，皇帝亲自参与指导，所有工匠终其一生只能掌握其中一道工序，杜绝了这门技艺传出皇宫，寻常百姓不得一见。清代的景泰蓝工艺比明代又有提高，景泰蓝成为皇宫大殿的主要陈设品，是镇殿之宝，也是皇权的象征。乾隆四十四年（1779年）年夜饭，只有皇帝一人的餐具是景泰蓝，皇亲国戚、王公大臣的陪宴桌上都是瓷器、玉器、金银器，可见景泰蓝尊贵地位无以复加。

民国时期，由于战乱、原材料匮乏等原因，景泰蓝工艺奄奄一息，直到新中国成立后才被著名建筑设计师林徽因、梁思成夫妇挽救于濒危，他们在清华大学成立工艺美术教研组，指导学生钱美华、常沙娜、孙君莲等人，一起抢救恢复景泰蓝技艺，设计研究出了新的纹样和色彩图，丰富了景泰蓝的品种。他们为亚太和平会议制作的景泰蓝礼品，被郭沫若称为“新中国第一份国礼”。教研组存在时间虽然短暂，却为现代景泰蓝的传承和发展确定了方向。

随后，在国家一系列扶持工艺美术发展的利好政策下，中国陆续有了系统学习、研发、生产景泰蓝的专业工厂。1956 年，北京市珐琅厂成立，景泰蓝技艺不断得到开拓创新，在 20 世纪七八十年代迎来了全面复兴，北京也由此恢复了“景泰蓝之乡”的美誉。由于景泰蓝的历史意义及工艺价值，2006 年景泰蓝被列入第一批国家级非物质文化遗产名录。

**3. 景泰蓝的现状**

如今的景泰蓝，同样是国之瑰宝，并且频频于大国外交重大时刻，以国礼之姿耀目世界，成为中国伟大崛起及成为世界舞台主角的重大见证和友好信物。

2013 年 6 月 28 日，韩国总统对中国进行了为期四天的国事访问，在此期间，为了表示我们国家的友好，特别向韩国总统赠送了一件景泰蓝《喜凤瓶》，祝愿两国关系能更进一步。

景泰蓝《喜凤瓶》

2014 年 2 月 6 日，索契冬奥会举行在即，我国代表团在俄罗斯索契，和俄罗斯总统、国际奥委会主席共同会面，我国代表将一件景泰蓝作品《一帆风顺》作为礼物赠送，祝愿本次索契冬奥会取得圆满成功。

景泰蓝《一帆风顺》

2016 年 12 月 10 日，在人民大会堂金色大厅，景泰蓝《缠枝莲纹鼎式炉》被作为中国的国礼赠送给非洲联盟委员会主席德拉米尼·祖马，希望中国能够同非盟一起建立更加深入、友好的合作关系，共同铸就和平、友谊、繁荣之鼎。

景泰蓝《缠枝莲纹鼎式炉》

2017 年 1 月 18 日，中国向联合国日内瓦总部赠送了《盛世欢歌》景泰蓝瓶。此瓶的赠送，表明中国愿同世界各国一道，继续为建设人类更加美好的未来而共同努力。

景泰蓝《盛世欢歌》

**4. 传承故事**

掐丝、点蓝、烧蓝、磨光……数百年间，智慧的工匠用他们的双手，创造出灿烂的景泰蓝文化。但精良的工艺也是国运昌盛、物阜民丰的佐证，一旦国力衰弱、经济萧条，工艺便会迅速衰落。景泰蓝的命运亦是如此。为了拯救这项国粹技艺，“江南才女”林徽因与景泰蓝结下了不解情缘。林徽因，中华人民共和国国徽和人民英雄纪念碑的主要设计者之一。这位美丽的诗人和建筑学家，拯救了景泰蓝。

林徽因设计作品夔龙纹对罐实物图

新中国成立初期，有一天，林徽因偶然从琉璃厂的一个旧古玩摊上买回一只景泰蓝花瓶。摊主见她很喜欢，便说："这是正宗的景泰蓝，别处你见不到了。北京的景泰蓝热闹了几百年，到这会儿算绝根儿了。"林徽因听了这话，不禁为这门传统工艺的命运担忧起来。于是，林徽因与梁思成在清华大学营建系成立了一个工艺美术教研组，抢救濒于灭绝的景泰蓝工艺，景泰蓝艺人聚集在一起，恢复了几近失传的景泰蓝工艺，尤其是20世纪60年代以后，景泰蓝艺人队伍不断扩大，景泰蓝工艺终于恢复了荣光。

原本，古代景泰蓝只有荷花、牡丹和钩子莲几种图案，比较单调，而林徽因找出历代装饰资料，学习研究，设计绘制了一批新的图案。在她的努力下，如今的景泰蓝，已立于世界手工艺品之林。景泰蓝甚至还成了尊贵的国礼，代表着中国形象。

林徽因主动学习，传承发扬景泰蓝工艺并加以创新，真正地将景泰蓝救下来了，让世人至今还能常为景泰蓝的美丽着迷。最终，她不但使景泰蓝这一传统生产工艺摆脱了一场濒临绝境的危机，还发展成为世界性的民族工艺产品，享誉全球。这一壮举既没有评奖，也没有荣誉称号，但林徽因就是有民族的责任感，有保护民族工艺的文化自觉。所以人们记住了她，大家都说："没有林徽因，就没有景泰蓝的今天。"

**5. 传承人物**

钱美华大师1951年6月于中央美院华东分院毕业，被分配到北京特艺进出口公司，9月被选送到清华大学营建系深造，师从梁思成、林徽因，主研工艺美术，抢救濒于灭绝的景泰蓝。为了解景泰蓝的发展历程，梁思成给钱美华推荐了一位老师，中国历史博物馆研究员沈从文先生。沈先生是著名的考古学家，他告诉钱美华，故宫的景泰蓝很多，有几个房间甚至都摞到了房顶，他让她去故宫临摹图案。因为故宫存放景泰蓝的珍宝馆一

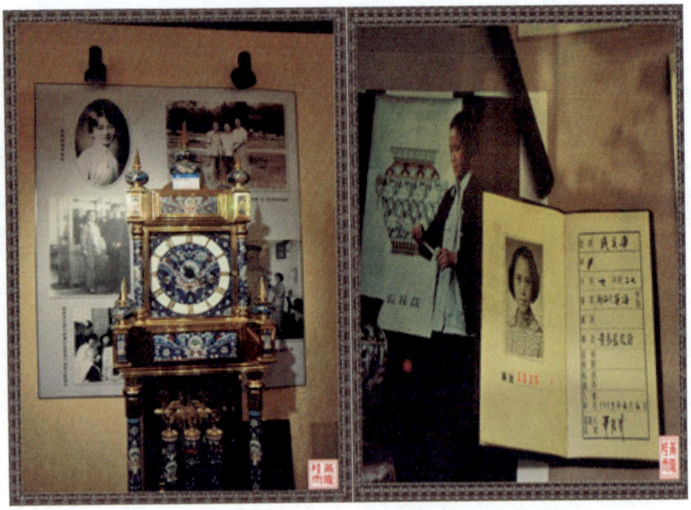

钱美华大师的工作证、工作照及与老师林徽因的合影

般不对外开放，所以钱美华和故宫工作人员商量好把自己反锁在里面，清早进去，晚上出来，一干就是连续十多天，终于掌握了传统纹样的规律，找到了不少失传的图案。

梁思成、林徽因大师的学识和思想境界对钱美华的影响非常大，也奠定了她终生追求的目标。她遵循导师的遗愿，“一定要把景泰蓝传承发展下去”，因此，当1958年工贸分开时，她毅然选择了基层，来到北京市珐琅厂从事景泰蓝专业设计工作，而这一干就是60多年。2010年，钱美华因病去世，享年83岁。她的代表作品《周其垒》《盖碗型瓶》《和平颂宝鉴》一直受到收藏爱好者的追捧。

张同禄先生生于1942年2月18日，祖籍河北保定曲阳，1958年投身景泰蓝艺术创作，从艺60多年来创作经典无数，诸多作品更是作为国礼赠予联合国及外国元首。现为北京市特级工艺美术大师，第二届中国工艺美术大师，亚太地区手工艺大师，北京市工艺美术珍

张同禄大师的景泰蓝艺术创作

品专品鉴定委员会委员，北京市高级职称评定委员会委员，曾荣获北京市突出贡献专家称号，享受国务院政府特殊津贴待遇，被业内人士称为中国“景泰蓝第一人”。

## 创新 实践活动异想天开

**七步制作景泰蓝：**

（1）设计纸稿

设计胎图、丝工图纸、蓝图（点蓝的色稿）：首先由设计师设计胎图、丝工图纸、蓝图，转成拷贝纸稿以备下一道工序应用。

（2）胎型制作

先将紫铜片按照图纸要求剪出各种不同形状，并用铁锤敲打成各种形状的铜胎，然后将其各部位衔接上好焊药，经高温焊接后便成为器皿铜胎造型。

（3）掐丝过程

用镊子将压扁了的细紫铜丝掐、掰成各种精美的图案花纹，再蘸上白芨黏附在铜胎上，然后筛上银焊药粉，经 900 摄氏度的高温焙烧，将铜丝花纹牢牢地焊接在铜胎上。

（4）点蓝过程

经过掐丝工序后的胎体，再经烧焊、酸洗、平活、正丝等工序后，方可进入点蓝工序。点蓝是艺师把事先备好的珐琅釉料，依照图案所标示的颜色，用由铜丝锤制成的小铲形工具，一铲铲地将珐琅釉料填充入焊好的铜丝纹饰框架中。

（5）烧蓝过程

将整个胎体填满色釉后，再拿到炉温大约 800 摄氏度的高炉中用一些矿物石头粉作燃料烘烧，色釉由砂粒状固体熔化为液体，待冷却后成为固着在胎体上的绚丽的色釉，此时色釉低于铜丝高度，所以得再填一次色釉，再经烧结。一般要连续四五次，直至将纹样内色釉填到与掐丝纹相平。

（6）磨光过程

用粗砂石、黄石、木炭分三次将凹凸不平的蓝釉磨平，凡不平之处都须经补釉烧熔后反复打磨，最后用木炭、刮刀将没有蓝釉的铜线、底线、口线刮平磨亮。

（7）镀金过程

将磨平、磨亮的景泰蓝经酸洗、去污、沙亮后，放入镀金液槽中，然后通上电流，几分钟后，黄金液便牢牢附着在景泰蓝金属部位上了。再经水洗冲净干燥处理后，一件斑斓夺目的景泰蓝便诞生了。镀好金的景泰蓝再配上一个雕刻得玲珑剔透的硬木底托，更显出景泰蓝雍容华贵、端庄秀美的姿色。

随着景泰蓝的不断发展和市场的需要，一些异形产品、实用产品、旅游纪念品以及高、大、精、尖的景泰蓝大量生产，新品种、新花色、新工艺不断涌现，玉雕、木雕、漆艺以及花丝镶嵌等工艺结合。多种工艺巧妙结合，各种材料互相衬托，再加上通体又镶嵌了大量的宝石，更使作品新颖奇特，通体散发出珠光宝气。

文学大师叶圣陶写过一篇《景泰蓝的制作》。这篇文章是叶老去参观北京市手工业公司实验工厂，看了景泰蓝的制作过程写出来的。文章详细地说明了景泰蓝的制作过程和方法，介绍了景泰蓝制作中手工操作的特点，制胎是“打”，掐丝是“粘”，点蓝是“填”，烧蓝是“烧”，打磨是“磨”，镀金是“镀”。文章赞扬了手工艺人的精湛技艺、劳动和智慧，从而赞颂了我们民族的伟大创造才能。

## 结语 传承非遗五育并举

**【明理导行】**

工匠精神，是一种职业精神，它是职业道德、职业能力、职业品质的体现，是从业者的一种职业价值取向和行为表现。工匠精神的基本内涵包括敬业、精益、专注、创新等。

工匠们喜欢不断雕琢自己的产品，不断改善自己的工艺，享受着产品在双手中升华的过程。工匠们对细节有很高要求，追求完美和极致，对精品有着执着的坚持和追求，把品质从0提高到1，其利虽微，却长久造福于世。

工匠精神是社会文明进步的重要尺度，是中国制造前行的精神源泉，是企业竞争发展的品牌资本，是员工个人成长的道德指引。工匠精神就是追求卓越的创造精神、精益求精的品质精神、用户至上的服务精神。

**【非遗传承小天使】**

## 亲手制作景泰蓝

周思慎　2016 级 1 班

学校的非遗活动进行得如火如荼，为了迎接 5 月 30 日的非遗活动家长开放日，我们班上的小朋友们也在紧张地准备着各种活动材料。其中最好玩的，要数自己亲手做一个景泰蓝了——我们班的主题是景泰蓝嘛。可是众所周知，真正的景泰蓝要用铜制作胎体，用铜丝掐丝，用珐琅釉料点蓝，还有烧蓝、磨光和镀金等复杂程序，我们这些小孩子，怎么才能完成这么大的工程呢？真是愁坏了人。不过别担心，我们李老师有办法，用黏土来代替铜丝和珐琅不就行了吗？这样材料容易准备，制作也简单，真是个好主意！

开始制作景泰蓝啦！大家都很兴奋。我和方奕程分在一组，合作制作一个“景泰蓝”瓶子，其实就是用黏土粘在卡纸上的一张画啦，只不过做的时候模仿景泰蓝的掐丝和点蓝的步骤。我们叽叽喳喳地商量了一番，决定先由方奕程负责把黏土搓成小条，模仿铜丝，我再来“掐丝”，就是把黏土做的“铜丝”小心地按照图案粘在卡纸上。我们就这样一个搓条条，一个用条条粘图案，干得不亦乐乎，很快一个带有漂亮花纹的瓶子图案就粘好了。下一步是“点蓝”，我们把各种颜色的黏土填进每个条条隔出的框里，再用手把它们按得平平整整，一个色彩鲜艳、花纹丰富的景泰蓝瓶子画就做好了。

看看四周，我们发现还有好些小组没完成作品呢，不禁内心窃喜：看我们做得多快！为了帮同学们加快进度，我们自告奋勇地去帮其他小组搓“铜丝”。我们甚至还开了个“搓丝公司”，专门给同学们提供黏土“铜丝”，方奕程还设计了广告词：“我们的泥条又长又好，不干又好用！”

经过大家的努力，同学们都交出了满意的作品，我们对景泰蓝的了解也更深入了。祖国的文化真是博大精深，将来我们还要参加更多的非遗活动，去了解和发扬中华传统文化！

## 与景泰蓝在附小的神奇邂逅

刘俊汐　2016 级 1 班

家长 刘 兢

如果不是家里的小家伙说起他们班在学校最近举行的“非遗文化进校园活动”里负责张罗整理景泰蓝文化的事，我这个岭南人也不会对景泰蓝这个记忆里明清皇帝家里的宝贝有太多了解。景泰蓝，应该就是那些在画着蓝色红色的花样的铜做的杯子、碟子、碗、盆吧？

不对！家里的小家伙已经非常郑重地向我科普过了：“景泰蓝可不是在铜质器物上画颜料那么简单。老师在非遗活动里已经讲过了。首先得把用柔软的扁铜丝掐成的各种花纹焊在铜质的胎型上，再把珐琅质的色釉填充在花纹里，最后还要放进窑里烧制才能成型呢！”平时在家里没见他正经读过几本历史书，现在居然能把这宝贝的来历讲得这么清楚，着实让我刮目相看，也勾起了我对非遗活动无限的好奇心。趁着他请我去学校参加非遗活动家长日的机会，我对景泰蓝有了更直接的了解。

去了学校才知道，原来附小的非遗活动这么热闹。刺绣、纸雕、剪纸、灯彩这些我们一下子想起来的老祖宗的手艺自不消说，古琴、扎染、汉服、变脸、口技等平日里难得一见的传统玩意儿也粉墨登场。班班都有一个拿手的特色项目，班班都成了传统文化活的舞台。我被变脸班上孩子们的精彩表演吸引得忘了时间，等回过神来才急急忙忙地赶到家里的小家伙所在的班上。

班上的小讲解员已经开始向大家介绍景泰蓝的故事了。从景泰蓝的历史源流、工艺流程讲到了典型的景泰蓝器物，还展示了班上的孩子们亲手做成的几个手工“景泰蓝”玩具。纸质的器物模型上粘上了孩子们亲手搓成的各色橡胶泥条花纹，各个都不重样，真是漂亮！在孩子群里找到家里的那位，他正忙着和同学一起往一个花瓶模型上粘泥条呢！我问他怎么还没干完，他说他们才刚刚找到感觉："一开始，我和李思行都不熟。我搓出的泥条大小不一，他粘得也很费劲。慢慢地，我才越搓越均匀，他也越粘越快。你看，这个花瓶就快粘好了！我们把泥条搓匀都费了老大劲了，当年用铜丝作画的那些爷爷的爷爷的爷爷是有多厉害啊！"

是啊，这看似简单的孩童游戏，经过学校老师轻轻点拨，一下子就和老祖宗们传下来的绝活有了关联。教育在这里不是枯燥的传统文化知识讲授，而成了鼓励学生们自己动手动脑的传统文化发现之旅。如果按部就班，一个知识点一个知识点地讲授景泰蓝的来龙去脉，让这些八九岁的孩子提起兴趣来可不容易。像现在这样，让孩子们自己亲身去模拟实践，就能对那些老祖宗们的高超手艺有切身体会了。

我也是一名教育工作者，在附小与景泰蓝的邂逅也让我对教育与艺术的关系有了新的体会。教育不仅要传授"已知"，更要与学生们探索"未知"，引导学生们找寻看待日常生活的不同角度和方式。景泰蓝艺术就是一种当年我国的能工巧匠们看待日常生活的奇妙方式，普通人熟视无睹的杯盘瓶碟在他们眼里发了光，有了不同的样貌。谢谢这场神奇的邂逅！

# 南国风筝——蓝天碧草间的快乐

李向炜

## 发现 挖掘生活中的非遗

生活中，我们会看到不少谜底为风筝的谜语：

（1）谜面：天上一只鸟，用线拴得牢，不怕大风吹，就怕细雨飘。

从谜面我们知道风筝飞翔的简单道理，也就是风筝必须有绳线的牵引，“无线的风筝”将飘浮无踪。

（2）谜面：步步高，节节高，拉一把，跌一跤。

从谜面我们知道了风筝飞翔中有一个道理：风筝借风飞翔，逆风而上，做人做事也需要迎难而上。

（3）谜面：阶下儿童仰面时，清明妆点最堪宜。游丝一断浑无力，莫向东风怨别离。

这个谜出自清代著名大文学家曹雪芹在《红楼梦》里借探春这一人物写的一首《风筝》诗。“阶下儿童仰面时，清明妆点最堪宜。”意思是，台阶下儿童仰着头看着天空，清明时着最合适的装饰。“游丝一断浑无力，莫向东风怨别离。”意思是，游动的丝线断开就一点力气都没有，不要埋怨东风使得风筝离开。此诗把放风筝的人和放风筝的季节，以及放风筝时出现断线的情况写得活灵活现，耐人寻味。

风筝不仅具有精美的艺术魅力，它还是深受人们喜爱的体育活动之一。春、秋两季，人们手执绳线，奔跑在公园里绿油油的草地上或是空旷的广场上，风筝飘飞在蓝天长空……这是多么美妙的情景啊！

## 寻根 扫码观看前世今生

风筝由中国古代劳动人民发明于东周春秋时期，已2000多年。相传墨翟以木头制成木鸟，研制三年而成，是人类最早的风筝起源。后来鲁班用竹子，改进墨翟的风筝材质，直至东汉期间，蔡伦改进造纸术后，坊间才开始以纸做风筝，称为“纸鸢”。

## 问道 拓展阅读学艺知技

**【非遗大学堂】**

**1. 风筝的起源**

风筝起源于中国，已有2000多年的历史，最早的风筝是由古代哲学家墨翟制造的。墨翟为何发明风筝呢？

据中国的史料《韩非子·外储说》载：墨翟居鲁山（今山东青州一带），“斫木为鹞，三年而成，飞一日而败”。是说墨子研究了三年，终于用木头制成了一只木鸟，但只飞了一天就坏了。墨子制造的这只“木鹞”就是中国最早的风筝。据说最初发明的风筝，用于通信方面，后来也有用在军事方面。2006年5月20日，风筝制作技艺被批准列入第一批国家级非物质文化遗产名录。

**2. 中国风筝的五大流派介绍**

中国风筝源远流长，从古至今在风筝文化的不断沉积之中形成了风筝的五大流派。

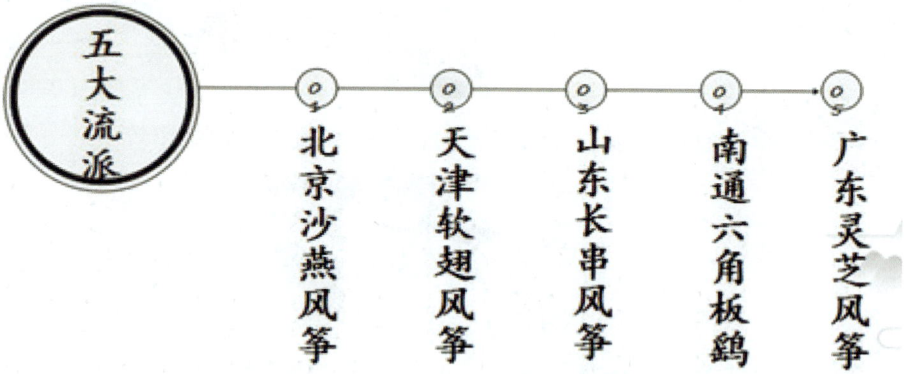


在风筝千年的不断延续之中，在原来的五大流派中又产生了“南有阳江，北有潍坊”的这样一种形势。在国内，阳江与山东的潍坊匹敌，南北遥相呼应，成为中国南北风筝实力最为强大、最有可比性的两个流派。

### 3. 南国风筝之乡——阳江

阳江是南国风筝之乡，为南派风筝的代表之一。广东阳江市扎制的风筝，种类繁多，造型美观，技术精巧，栩栩如生。它们不但放飞效果良好，而且形神兼备，具有极高的实用价值、欣赏价值和收藏价值，如下图：

### 4. 阳江风筝的种类

阳江风筝距今已有1460多年的历史，在它悠久的历史发展过程中，逐渐形成了以下几类：

（1）龙串类：阳江龙、龙头蜈蚣、青拉、毛毛虫、蛇等。

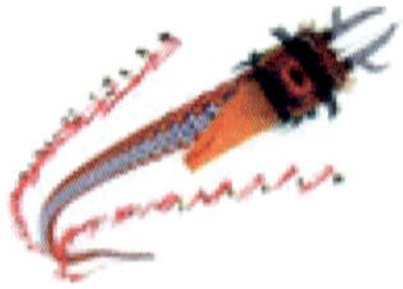

（2）串类：崖鹰串、金鱼串、七彩虹、蝴蝶串、蜜蜂串等。

（3）软板类：神仙鱼、金鱼、鲨鱼、美人鱼、老虎等。

（4）硬板类：灵芝、双凤朝牡丹、蝶恋花、百鸟归巢、八爪鱼等。

（5）软翅类：蝴蝶、蜜蜂公主、盘鹰、崖鹰、老鹰、蜻蜓、蝉等。

（6）硬翅类：宝鸭穿莲（鸳鸯戏水）、福寿双钱、南瓜、双鱼、金鱼、鲤鱼、石榴、葡萄等。

（7）立体类：灯笼、花篮、花瓶、金字塔等。

（8）软体类：广告风筝、领航风筝、降落伞等。

阳江风筝图案生动形象，放飞时犹如活物飞天，栩栩如生，观赏性极高；它主要为手工制作，制作工艺精湛；绘画多以中国元素的水彩为主；图案以瓜、鸟、虫、鱼、果、花、兽等动植物和神话、故事为题材，饱含中国传统文化色彩。不过，在众多有特色的风筝种类中，“灵芝”风筝又是阳

江最具特色的一种。

**5. “灵芝”风筝**

阳江最有自己特色的风筝要算“灵芝”。这种风筝初看起来像一个腰子形的拍子风筝，但它在飞行时又类似硬翅风筝，可形成一对稍向下弯的“膀兜”，呈弧形翼剖面，所以比一般的拍子风筝飞行性能好得多。它的中间有一长杆，下扎鹿口灵芝的图案，造型别致精巧又独具特色，是传统中国风筝中一个可与北京“沙燕”、南通“六角”媲美的独特的品种。

## 创新 实践活动异想天开

**【拓展】**

梁治昂，一个将制作风筝的乐趣发展成职业的风筝爱好者。

梁治昂九岁的时候制作了他的第一只风筝，当时便因为飞得高而被同学们夸奖。随着年龄的增长，他逐渐爱上了这项手艺，辞去了自己的工作，专心致志地开始制作风筝。经过十几年的钻研，现在的梁治昂可以称得上是南国风筝制作领域的大师级人物，他特别擅长制作立体风筝、运动风筝和软体风筝，成为阳江风筝中创新和传承的领军人物。

削竹篾、扎骨架、烤造型、糊纺布、绘图样，制作一只传统的阳江龙风筝，大约需要半个月的时间。在梁治昂看来，“工匠精神”就是精益求精、刻苦钻研、大胆创新的工作态度，把每一个细节都做到极致。在他的观念里，做风筝可以不计成本，也没有时间的概念。每做一只风筝，他都将工匠精神发挥到了极致，而这种精益求精的精神，正是我们需要学习的地方。所谓“大国工匠精神”，正体现在梁治昂的每一个动作里。

梁治昂放风筝

梁治昂的代表作“夜光烟火龙”风筝曾在2014年马来西亚巴西古当国际风筝节上荣获夜光风筝第一名。

风筝融合了现代LED（发光二极管）灯饰技术和电子烟火技术，不仅可以在夜空中盘旋，还能实现多种“喷火”效果。而为了寻找到风筝合适的材料，梁治昂曾经东奔西跑，耗费了不少心力。这样一条传统与现代结合的创新龙类风筝，也是龙类风筝制作技术上的一个重要突破。梁治昂认为：“不创新，就不可能把（阳江风筝的）品牌打响！”

**【技法实操】**

精美的风筝的制作过程肯定是很复杂的，但是，我们通过自己的巧手利用废弃的报纸就可以做简单的风筝。它的制作过程分为六个步骤。

（1）首先裁剪一张正方形的纸。

（2）将一根竹签固定在纸张的中线位置。

（3）再将一根竹签折成 U 形固定在另外两角。

（4）将剩余的纸张裁剪成长条状，贴在风筝的尾翼。

（5）裁剪两个短纸条贴在侧翼。

（6）在竹签上绑上风筝线后就可以放风筝了。

## 结语 传承非遗五育并举

制作风筝的师傅们之所以能制作出精致优美的风筝，是因为他们具有一种孜孜不倦的精神，就是工匠精神，这是非常值得我们学习和传承的精神。在学习上、在生活中，如果我们能做到以下要求，我们将会在人生路上遇到更美好的自己：第一，精益求精，追求极致；第二，勇于实践，敢于创新；第三，能耐寂寞，天道酬勤。

小小的风筝承载了无数匠人的故事，是中华传统文化的结晶，是充满智慧的古人送给我们的珍贵而有趣的礼物。更重要的是，我们享受风筝飞上蓝天那一瞬间的成就感，享受和家人朋友在一起的快乐。

# 民族扎染——扎染一指尖，传承百千年

牛嘉鑫

## 发现 挖掘生活中的非遗

扎染是中国一种古老的防染工艺，是艺术与技术完美结合的整体美，更折射出民族文化的光辉，具有浓郁的民族特色和较高的艺术价值，人们通常把它称为“没有针线的刺绣”“不经编织的彩锦”。“笔墨当随时代变化”，那么现代的扎染又会何去何从呢？让我们一起去看一看扎染的前世今生吧。

《捣练图》中女子衣裙纹样皆由扎染所做

云南省博物馆藏白族扎染布

在云南省博物馆，有一件馆藏的白族扎染布（见右图），是国宝级的扎染作品，能够保存到现在实属不易。

下面两幅是当代扎染大师焦宝林的作品。焦宝林是海安扎染的创始人、中国扎染行业的领军人物、南通市非物质文化遗产“南通扎染”代表性传承人。他的作品运用扎染语言充分表达了扎染特有的肌理纹样和晕化效果。多年来创作设计了数百幅扎染作品，在国内外大奖赛和博览会上屡获大奖，有的被博物院（馆）或国际友人收藏。

焦宝林作品：扎染六扇舞《天地永恒》

焦宝林作品：扎染长卷画《唐人游骑图》

**寻根** **扫码观看前世今生**

扎染工艺分为扎结和染色两部分。它是通过纱、线、绳等工具，对织物进行扎、缝、缚、缀、夹等多种形式组合后进行染色，有一百多种变化技法，各有特色。2006 年和 2008 年，云南大理的白族扎染技艺、四川的自贡扎染技艺先后被文化部列入国家级非物质文化遗产名录。

## 问道 拓展阅读学艺知技

### 1. 扎染的简介

扎染是中国一种古老的防染工艺。它依据一定的花纹图案，先将织物进行捆扎然后进行染色。染色时折叠处不易上染，而未扎结处则容易着色。另外由于在染色过程中被捆扎的织物受到轻重、松紧不同的压力，被色浆浸渗的程度也不同，因此产生深浅虚实、变化多端的色晕的艺术效果。染成的图案纹样神奇多变，色泽鲜艳明快，图案简洁质朴，且有令人惊叹的艺术魅力。“花”和“底”之间往往还呈现出一定的过渡性渐变的效果，多冰裂纹，自然天成，生动活泼，克服了画面、图案的呆板，使得花色更显丰富自然。

### 2. 扎染发展历史

扎染，又称绞缬，是一种古老的采用扎结染色的工艺，是我国传统的手工染色技术之一，在我国有着悠久的历史。该工艺始于秦汉，兴于魏晋、南北朝，盛于唐代，至北宋仁宗皇帝，因扎染服装奢侈费工，下令禁绝，使中原扎染工艺一度失传。东晋时，此种工艺已在民间广为流传。北宋初，绞缬工艺仍然盛行。但在宋仁天圣年间，唯有兵士方可穿戴缬类服装，民间禁止使用缬类制品，这项规定直到南宋时期才被废除。明清时期，洱海白族地区的染织技艺达到很高的水平，出了染布行会，明朝洱海卫红布、清代喜洲布和大理布均是名噪一时的畅销产品。

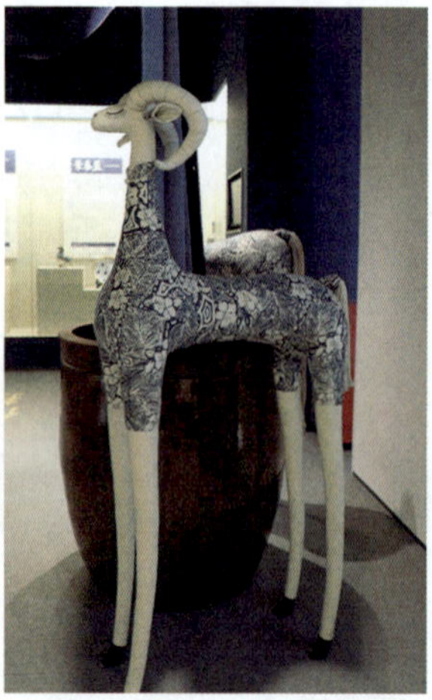

《小绵羊》（华师附小非遗博物馆馆藏）

到了民国时期，居家扎染已十分普遍，以一家一户为主的扎染作坊密集著称的周城、喜洲等乡镇，已经成为名传四方的扎染中心。1959 年在我国新疆维吾尔自治区出土了公元 384 年的扎染实物；1969 年又在这里出土了公元 683 年的扎染实物，在这件扎染实物上可以看出当时的缝制方法，这件实物也是世界上现存最完整的扎染实物。由此可以看出我国是扎染技艺的发源国。

2006 年 5 月 20 日，白族扎染技艺经国务院批准列入第一批国家级非物质文化遗产名录



### 3. 扎染的现状

近几年大兴中国风，让越来越多的人又开始重视起传统的中国文化，原本落寞一时的手工艺也逐渐回春，吸引了更多年轻人的关注。扎染入选了第一批国家级非物质文化遗产名录，身为申报地区的大理市和自贡市也大力发展染织业，俨然成为重要的织染物产地，制造出的扎染产品远销海外，供不应求。自贡扎染、大理扎染、白族扎染等凭借着自身淳朴、清新的特点蜚声国内外，吸引了大量国内外手工爱好者的目光。

现在说到扎染，首先想到的就是时尚界了，比较传统的改进，就是从图案入手了，扎捆方式及组合方式不同，所产生的图案也各不相同。除了传统的棉麻纯色扎染，还有多色叠加和材质的改变。现在，扎染不仅仅可用在棉麻上，真丝、皮革、化纤、毛毡等面料也能利用扎染来进行加工。

2018 年 3 月，美国潮牌 Champion 发布的春季新款也运用了扎染的元素，配色清新亮丽，让人耳目一新，扎染除了在秀场和街拍中出现，现在也成为潮牌的宠儿。

扎染显示出浓郁的民间艺术风格，1000 多种纹样是千百年来历史文化的缩影，折射出广大人民的民情风俗与审美情趣，与各种工艺手段一起构成富有魅力的织染文化。随着科技的高速发展、社会生活节奏的加快，人们追求自然清新的风格，其作为一种对现代化的逆反心态，也在衣食住行上反映出来。扎染这种古老的工艺，作为一种时尚，又开始翻新流行。

但是，当前产业化的趋势使部分传统扎染技艺走向消亡，原有的民间特色开始退化，污染问题日益突出，市场经营滋生了对经济利益的过度追求，植物染料板蓝根供不应求。在此情势下，扎染技艺的传承受到阻碍。只有认真解决上述问题，才能促进扎染技艺的传承和发展。

**4. 传承故事**

精彩的历史书写了扎染的辉煌，耐人寻味的传说更是在辉煌的历史上披了一层神秘的面纱，为后人留下了神秘而美妙的幻象。

相传，有个富饶美丽的村庄，坐落在苍茫的苍山脚下，那里绿树成荫，鲜花满山，果实累累，鸟语花香……每到夜晚，一丝轻风送来一阵阵的花香，村里的姑娘小伙相约在那茂密的梨花树下，窃窃私语，小鸟藏在自己的巢里进入了梦乡。

那里的人们勤劳勇敢，耕耘着自己的美好生活，百姓们安居乐业。一天，人们正在收获着秋天的果实，突然，一阵大风卷土而来，灰沙迷茫，卷走了所有的果实，人们一阵茫然。从此，灾难频频，人们缺衣少食，家破人亡。漂亮姑娘经常失踪，村里的年轻小伙结伴寻找，有去无回。恐惧笼罩着整个村庄。

进山打柴的人曾经见过，妖风过后，出现过一个看不到头的魔鬼，法力无穷，他可以呼风唤雨，人们赤手空拳，无法制服这一妖魔。灾难、恐惧围绕着整个村庄。这个村庄里有一个美丽的姑娘，一天，她进山挖野菜，走累了坐在一片野草地上休息，早晨刚下过一阵毛毛细雨，草地微微缀着小小的水珠。姑娘坐下一会，感到湿，于是就站起来。这时，她看到自己白色的裙子上染了蓝色，找来找去找不到有什么染色物体，只有一种草一片片地生长。姑娘想是不是这草能染色，于是换了一个有这种草的地方，再次坐下，果然，又染了一片。她把这草采回去，想把自己裙子染出花色，她用针线把布封扎成花再把草用火熬出色水，把裙子放进去，一会拿出来把封的线撤了，啊，好漂亮的花色出现了。从此姑娘经常进山采草，回家就帮乡亲们染色。

在村里灾难重重的一天，姑娘进山采草，一阵大风卷来。她立刻抱住了一棵大树，心想，是人们说的那个妖魔来了吧？无论风怎么凶猛，她都紧紧抱着大树不放，风终于停了。她正想松口气的时候，一个看不到头的人坐在她面前，她吓得发抖，但立刻又镇静下来，想着办法对付面前的这个魔鬼。只听魔鬼说：“好厉害的女子，我的妖风都制不了你。”姑娘冷静地说：“这位大哥，你也进山打柴吗？”那魔鬼说：“我打柴也不会做饭，我带你回去给我做饭。”说着就伸手来拉姑娘，姑娘忙说：“大哥别忙嘛，我做的饭不知道合不合大哥胃口，我们到一块空地，我先给大哥做点野菜，看大哥满不满意，大哥满意了我就和你回去。”这时这魔鬼也正饿了，想着很快就可以吃东西，也就同意了。于是他们到了一块泥土地上，找了些干菜，点着火，就烧起野菜来。魔鬼等呀等，有点困了，姑娘说：“大哥你睡一会就可以吃了。”魔鬼怕姑娘跑了，就把姑娘和他拴在了一根铁链上。姑娘见魔鬼睡了就想，原来是这魔鬼给乡亲们带来了灾难，于是就用火点在魔鬼身上，魔鬼着火了，哇哇怪叫，边叫边跑，姑娘因为和魔鬼拴在了一起无法逃脱，所以自己身上也着火了。此时，姑娘只有一个念头，为乡亲们除害。魔鬼被烧死了，变成了草，姑娘也英勇就义，变成了一头牦牛。

人们为了纪念这位勇敢的姑娘，就把她的染布延续下来，成为历史悠久的大理特有的染色工艺——扎染。每家都挂了牦牛皮做的辟邪牌，以辟除妖魔，祈祷全家平安。

**5. 传承人物**

焦宝林，1942 年出生于江苏海安，1962 年毕业于南京艺术学院美术专科，1979 年创办海安县扎染厂，1993 年创建中日合资海安锦华服饰有限公司，任总经理、董事长至今。现为中国工艺美术大师，研究员级高级工艺美术师，江苏省非物质文化遗产“南通扎染技艺”代表性传承人，中国民间文艺家协会会员，中国工艺美术学会会员，江苏省工艺美术协会理事，南通市工艺美术协会副会长，海安县美术家协会名誉主席；中央美术学院、南京艺术学院等六所艺术院校客座教授。

焦宝林大师

焦宝林是海安扎染的创始人、中国扎染行业的领军人物。30多年来，他一直从事扎染艺术的研究、开发、创作和企业领导工作。他创作设计的扎染作品范围广阔，有服饰、日用品、观赏品等；题材广泛，有山水、人物、花鸟、佛教等，以人物为主；形式多样，有挂壁、挂轴、屏风等；风格迥异，有具体的又有抽象的。他运用扎染语言充分表现了扎染特有的肌理纹样和晕化效果，多年来创作设计的数百幅扎染作品在国内外大奖赛和博览会上屡获大奖，有的被博物院（馆）或国际友人收藏。

焦宝林获联合国教科文组织和中国民间文艺家协会授予的“一级民间工艺美术家”、中国工艺美术协会授予的“2015年度全国工艺美术行业典型人物”、《人民日报》新闻战线授予的“人民眼中的中国当代百名工艺美术大师”荣誉以及中国文学艺术界最高奖——“山花奖”。其作品长卷《唐人游骑图》获江苏省紫金杯大奖后被南京博物院收藏；长卷《八仙图》获全国首届中国风俗画大奖赛特别奖后被西安民俗博物馆收藏；晚礼服《秋韵》获江苏省艺博杯大奖赛金奖；长卷《渔光曲》获全国首届中国风俗画大奖赛二等奖；立屏《春恨秋悲知多少——红楼梦人物图》获中国第八届工艺美术品百花奖创作设计奖；壁挂《太阳·大海和渔女》获日本名古屋首届国际扎染大会特别奖；屏风《扎染百华图》获第五届中国民间工艺品博览会金奖。出版有专著《焦宝林扎染艺术》；建有“焦宝林扎染艺术工作室”“焦宝林扎染艺术馆”，目前在筹建中国第一家扎染博物馆。

扎染壁挂《太阳·大海和渔女》

扎染长卷画《渔光曲》

## 创新 实践活动异想天开

### 1. 扎染图案的设计

扎染从纹样形式上分为几何纹样（如散点、圆形、菱形、环形等）、异形纹样（如叶纹、花纹、波浪纹等）和具象花纹等。

### 2. 扎染的工具与材料准备

一份蓝染的原料，天然材料的衣服或布料，容量约 20 升的水桶若干，橡胶手套，麻线，PVC（聚氯乙烯）管子，木头长棍，剪刀，木制小夹子，橡皮筋，小木块。

最好选择天然质地的布料或衣物，以棉、羊毛、丝绸或亚麻的最好，染色前须清洗布料。

### 3. 扎花

首先，将布料像风琴一样折叠起来。

对折完毕后，分别在布料的上下两面放上木板或其他平面物（如硬纸板），用橡皮筋或绳子捆绑好，防止染料渗透织物的表面。表面的面积越大，橡皮筋和绳子用得越多，染色完毕后，留白的部位就会越多。

布料绕着塑料 PVC 管斜包起来，布料缠绕完毕后，用麻绳在布料一端打上死结。

接下来，把麻绳在布料表面连续缠绕 6—7 圈，然后把布料挤到底部，堆积起来，再把麻绳绑紧。

继续缠绕、挤压和绑紧麻绳，直到所有的布料都被压紧为止。在布料的上方打结。这样染色后的布团会有很多稀疏的白色斜纹，即布料麻绳捆绑的痕迹。

按照平均的距离，把中间部位挤捏成点状并打结。

在另外一边做同样的操作，形成交叉的节点。继续用橡皮绳缠绕，让它逐渐缠绕到中心。

缠绕的时候可以灵活多变，使用夹子、回形针、装订夹、老式木架、罐头瓶盖等。

**4. 浸染**

在桶里装入 16 升的热水，倒入靛蓝染料粉并不断搅拌。

倒入苏打灰和还原剂，继续正反打转。遮盖晾放至少 1 小时。

把之前捆扎好的布料放进另一个装有清水的桶里。把水分拧干，再把布料浸透到靛蓝的染料桶里，轻柔地用染液渗透布料，同时摇匀桶里的染液。

5 分钟后将布料拿出。在空气中暴露几分钟，直至变成深蓝色。

重复染色过程。浸染多次后，晾干再洗涤，洗涤后再晾干。

染色完成后，把这些布块放置晾晒。一夜后，放置在清水中冲洗，用剪刀剪去麻绳和皮筋。

**5. 晾晒**

把所有的布料解开，然后晾干、熨平就完成了。

## 结语 传承非遗五育并举

**【明理导行】**

扎染不仅代表着一种传统，而且已成为一种时尚。扎染如此受欢迎，是由于它特有的有别于其他染织物的个性。它朴素自然，蓝底上的白花清清雅雅，毫不张扬，是人民勤劳、质朴、纯洁、诚实、善良和乐观、开朗、热情好客等美好品格的展现。扎染在人们心目中已成为特殊的文化象征和民族传统艺术的标徽。

扎染是不被机器取代的极致工艺，人是它唯一的创作者。虽然扎染并不完美，但在扎染的每个针孔里，你都能触摸到属于匠人的温度。它告诉你，好的东西是需要沉淀的，对的事情是值得坚持的，这正是“扎染一指尖，传承百千年”。

# 英石假山——盆景特色手工技艺

强丽雯

## 发现 挖掘生活中的非遗

英石假山是广东省英德市民间的传统手工艺术产品。

英石假山摆件

英石是一种因为远古地壳运动，裸露地面、沉积岩中的石灰岩，经常年日晒雨淋、长期风化、自然剥落破裂而成的石灰岩石。主产于广东省北江中游的英德山间，故又称英德石。

英德地区岩溶地貌发育较好，山石较易溶蚀风化，形成嶙峋褶皱之状；兼之日照充分、雨水充沛，暴热暴冷，山石易崩落于山谷中，经酸性土壤腐蚀后，呈现嵌空玲珑之态。英石本色为白色，因为风化及富含杂质（如金属矿物铜、铁等）而出现多色泽，有黑色、青灰、灰黑、浅绿等色，常见黑色、青灰色，以黝黑如漆为佳，石块常间杂白色方解石条纹。石质坚而脆，佳者叩之有金属共鸣声。石质大多枯涩，以略带清润者为贵。英石轮廓变化大，常见窥孔石眼，玲珑有趣。石表褶皱深密，是山石中“皱”表现最为突出的一种，有蔗渣、巢状、大皱、小皱等形状，精巧多姿。石体一般正反面区别较明显，正面凹凸多变，背面平坦无奇。就其质地而论，英石可分为阳石和阴石两类。阳石裸露地面，长期风化，质地坚硬，色泽青苍，形体瘦削，表面多褶皱，叩之声脆，适宜制作假山和盆景。阴石深埋地下，风化不足，质地松润，色泽青黛，有的间有白纹，形体漏透，造型雄奇，叩之声微，适宜独立成景。因英德特殊的地理环境，经自然力长期作用而形成玲珑剔透、雄奇突兀、千姿百态的石灰岩奇石。

英石虽然特别，但是离我们所观看到的各种精美的英石假山还是有很大差距的，把英石转变为拥有超高艺术价值的非遗英石假山需要艺术家们不断创作。

英石的褶皱明快有力，脉纹变化多端，易于构成峰峦沟壑等山形地貌，蕴涵着艺术意境构思的许多素材，因此，当地人利用英石材料，创造出多种类型的传统工艺英石盆景，在方寸之间展现万水千山，涌动千般意境。传统英石盆景具有自然、古朴、精练、简约的优点，这些盆景主要有山水式、旱山式、树附石式、石附树式，造型主要有峰、峦、岭、峡、崖、壑、岛、矶、嶂、岫、岑、渚等等，被喻为“无声的诗、立体的画”，给人以自然美的享受。英石假山盆景的制作工艺以自然奇石为依托，融入工匠的智慧，使英石“瘦、皱、漏、透”的外形，折射出中国佛教和道教的“空”与“灵”。20 世纪 90 年代，民间手工艺者创造性地将超声波技术融入传统英石盆景中，生产出雾化英石盆景。英石具有极高的观赏和收藏价值，是园林美化和制作山水盆景的上乘材料，是中国四大园林名石之一。

## 寻根 扫码观看前世今生

**英石假山的历史来源**

英石开发和利用已有上千年的历史，从宋朝开始采集利用，并被列为贡品，清朝被定为全国的四大园林名石之一。英石大的可砌积成园、庭山景，小的可制作成山水盆景置于案几，具有很高的观赏和收藏价值。

英石产业在历史上主要经过三次大的开发热潮，与经济发展有密切的关系。只要处于经济发展高速时期，势必伴随着英石的大量开发利用。

**1. 第一次开发热潮始于宋朝**

北宋时期，英德经济相当发达，撤县建州，商税居广东第二，仅次于广州，这跟英石的开发利用密不可分。在宋朝英石就被列为皇家贡品，《云林石谱》和《洞天清录集》等古籍均对英石作了重点介绍。苏东坡、米芾、杨万里、朱彝尊、查慎行等古代名家视英石为珍宝，赏玩之余，赋诗赞颂。

**2. 第二次开发高潮是明清时期**

当时出现多部论述英石的著作，如《园治》《素园石谱》《广东新语》等，英石在清朝更是被定为全国园林名石之一。从18世纪开始，英石更成为对外贸易的重要资源，英、法、德等西欧国家从广州购运英石回国。

**3. 第三次开发高潮出现在20世纪特别是1978年改革开放之后**

经济的迅速发展带来赏石文化的空前繁荣，英石需求量日益增加，英德市抓住了英石开发利用的大好机遇，让英石产业走上高速发展的道路。其中，英德英石产业在20世纪之后的发展，可分为三个主要阶段：

（1）1976年以前相对停滞缓慢：英德英石产业发展历史虽然源远流长，但在民国时期，连年战乱，以及西方文化的冲击，观赏石文化一蹶不振，英石产业发展一度停滞荒废。1949年以后，国家实行计划经济政策，农民基本束缚在田地里头，没有公社（乡、镇、区）开具的一级证明，英石不能外出，使英石沉睡山头，无人问津。政府可以免费开采英石，私人开采搬运贩卖会被关押批斗，英石产业销声匿迹。在此阶段，英石主要用作园林景石。

（2）1976年至1996年阶段起步开发：1978年十一届三中全会明确提出全国实行改革开放政策。到了1983年，英德市望埠镇政府内设农工商联合公司，公司设园艺部，以此来专门研究如何推动英石的开发和经营。1991年英石艺人把传统工艺与现代电气设备结合起来，成功生产出英石雾化盆景，并申报获得国家专利。在此阶段，英石主要运用于园林造景以及盆景工艺。

（3）1996年至2017年阶段迅猛趋稳：1996年至2003年，英德市委、市政府发现英石文化的价值，经过前期初步调研，1996年，英德文化局专门成立专项小组推动英石发展。但这个阶段由于政府支持力度有限，市场尚未完全成熟、不成规模，英石产业发展速度较为缓慢。2003 至 2008 年，英德市委、市政府全力推动英石产业，在政策与资金方面大力支持。此时，英石文化影响力拓展到全国，英石产业得到很大的发展。2003 年，英德市委、市政府积极将英石文化推上新的台阶，请著名作家贾平凹写《说英石》，并邀请大批文人名流到英德参观英石，大力宣传英石文化。2006 年 11 月，大型精装画册《中国英石传世收藏名录》问世。2008 年至 2017 年，英石产业发展速度逐步走向平稳。2010 年，首届中国英石文化节举行，并结合英德地方产业联合举办活动。到 2017 年 7 月，英德市委、市政府已经连续举办了五届英石文化节。活动的举办进一步提高了英石在国内外的知名度和影响力。近 20 年来，英石应用更为多元，可作观赏，更可广泛用于园林景石。近几年，英石通过电商平台，挖掘了英石新的用途：小英石（青龙石）可用于制作鱼缸内的摆件，还有一些英石相关文创作品出现，如英德市英西中学的壁挂式盆景作品等。

## 问道 拓展阅读学艺知技

在价值观念上，传统风水观念依然影响着英石假山技艺。匠师在假山相地定位操作中依然遵循中国风水传统，私宅庭园假山更为注重这种传统。一般常见的石组为“三峰”石组，即主峰为“玄武”，劈峰左为“青龙”右为“白虎”的做法。

在技术经验上，传统方式也依然在发挥作用。在采石环节，阴石开采依然需要依靠匠师的经验判断，讲究整石开挖。在石头开挖前，仍需要石

英石假山盆景

农根据经验进行原始的物理勘探，用一个钢钎、锄头敲击，有经验的石农根据石头回音，就可以判断石头在地底下的大小和重量，以及是否有洞壑，判断后由人工初步挖石，再通过设备辅助。采石与运石过程中，在一些陡峭的山体部位，钩机和吊机无法进入，仍需传统的采石与运石方法发挥作用，以人力背石并借助传统木架滑车、辘轱起重、滑轮等传统方法。而在勾缝的色差处理方面，如沈复《浮生六记》记载："择石之顽劣者，捣末于灰痕处，乘湿糁之，干或色同也。"这一方法至今仍在运用，通常是将同质石粉在勾缝水泥未干时，均匀地洒抹在水泥上面压实。

现代技术的发展也提升了英石假山体量与技艺水平。大型设备介入使得大型假山成为可能，现在一些上千吨的英石假山在古代是不可想象的。一位多年从事英石叠山技艺的匠师这样总结：英石石头变化很大，悬崖洞壑夸张奇险，视觉效果强烈。机械设备的发展使现在假山的石头体量越变越大，现在的师傅比以前更加追求假山的险峻造型，也比以前更注重绿化搭配。

## 创新 实践活动异想天开

现在让我们来近距离欣赏英山假石的真容，让我们一起见证这平平无奇的英石是如何蜕变为充满非遗艺术特色的英石假山作品。

英石假山作品

英石假山作品

## 结语 传承非遗五育并举

英石假山这样的非遗传承作品，不仅仅具有极高的艺术价值，还蕴含着自古至今炎黄子孙和中华传统文化的精髓。

**德育——石之德与人之品的相通处**

在儒、道、释三家主流传统意识形态的影响下，中国文化传统寄情山水，始终追寻人与自然的和谐统一，园居山水之景便是文人雅士追求天人合一、回归自然思想最为直接的物质载体。园中山石成为自然山岳的象征物，人们从石的造型看群山峻岭，从石的纹路看云雾流水。即使足不出户，也能神游物外，回归自然。园居生活中的赏石文化是中国传统山水文化价值观集大成的物质体现，反映了中国传统园林生活向往自然等精神追求。

“虽由人作，宛自天开”是《园冶》设计艺术的境界。

《园冶》设计艺术的指导思想是以老庄自然观为圭臬，以自然山水为园林景观的母体，人藏于天工要如“天造地设”。《园冶》作者计成为我们描述了这样一幅图画：“园地惟山林最胜，有高有凹，有曲有深，有峻有悬，有平而坦，自成天然之趣，不烦人事之工。入奥疏源，就低凿水，搜土开其穴麓，培山接以房廊。杂树参天，楼阁碍云霞而出没；繁花覆地，亭台突池沼而参差。”造园不惟善用山林，尤当善觅水趣，计成强调，园林应顺应自然，利用自然而非违背自然，征服自然，使人为美融入自然，园林正是大自然的一部分，体现了天人合一的宇宙观。用书中原话概括便是“虽由人作，宛自天开”。

英石假山摆件

**智育——了解古代赏石文化**

英石赏石文化传统源于中国石头文化。追溯至旧石器时代，古人类就使用打制石器进行各项生产劳动。至新石器时期，中国先祖就开始将石器精心打磨、穿孔，并在上面雕刻纹样，从工具使用向装饰配置转变，人们开始追求“石”的形态美。

随着社会进步，生活环境相对远离自然，为了保持与自然的联系，石成为自然、山岳的象征物，成为人感受自然、崇敬山岳的精神承载。儒家“君子比德”思想传播之后，以自然对象之美隐喻人的修养与品性，石更具精神性，也由此构建起中国赏石文化初始的审美意识。魏晋南北朝是中国历史上一个百家争鸣、思想活跃的高峰期。结合当时仍流行的如庄子“造境以游心”等哲学思想，人们开始更多追求主观能动性来满足自己的精神需求。景园文化就在这种背景下兴起。此时各类石头已开始作为造园重要材料，所用之石已十分讲究。唐代赏石文化有了一定的发展，并带动造园技艺的提升。宋元代赏石艺术整体发展处于低谷，到明朝后期尤为盛行。

**美育——创造虽由人造宛若天工的假山审美**

《园冶》第八篇“掇山”中说道，山石是中国园林中的重要内容，石块处处有，而山林之妙主要在于设计者胸中要有真山的意境，然后通过概括、创造，使假山的形象有逼真的感觉，也就是“有真为假，做假成真”，“多方胜景，咫尺山林，妙在得乎一人，雅从兼于半土”。

将英石假山这一非遗项目带进课堂，让孩子们从了解到尝试制作，不仅让学生感受到英石假山技艺的美学内涵，激发他们的创造力，也在英石假山创作探索之中推动建立小学美育教育、非遗传承教学的新模式，不仅让学生在教学过程中学习知识、掌握技能、熏陶审美意识，更促进学生对家乡本土自然资源、传统文化的认知与理解，加强本土身份认同与家乡情怀教育。